초등생을 위한
흐름속에서
핵심을 알려주는

읽고 또 읽고싶은

# 이야기

# 한국사

와이 앤 엠

# 시작하기 전에

생각보다 많은 시간을 보냈습니다. 그리고 많은 자료를 찾아 뒤적거렸습니다. 또 많은 사람의 도움을 받았습니다. 역사책을 쓴다는 것이, 어린 학생을 위한 역사책 역시도 많은 자료가 필요하다는 것을 깨달았습니다. 그리고 어린 학생에게 어떻게 역사적 사실을 전달할 수 있느냐 하는 문제가 앞을 막았습니다. 역사적 사실에 초점을 맞추면 흥미를 잃기 쉽습니다. 또 흥미가 있도록 꾸미려면 역사적 사실이 변질되거나 왜곡될 수 있습니다. 그 경계점을 어디로 정하느냐 하는 문제로 여러 차례 머뭇거리고 다시 썼습니다. 여기서 임명아 님의 도움을 많이 받았습니다. 임명아 님은 이 책의 방향과 난이도에 대해 끝까지 설명하고 지적해 주어 큰 힘이 되었습니다.

그러나 역사란 많은 가지를 쳐내고 나면 결국 '사건을 낳은 원인과 그 원인으로부터 생겨지는 결과의 고리'로 엮어지는 것이란 점에 이르러 이에 중점을 두고, 다시 흥미를 더해주는 쪽으로 방향을 정하였습니다.

그리고 '어린이 이야기 한국사'의 편집에 화보를 제공해 주신 여러 기관에 다시 한번 고마움을 표합니다.

  이 과정에서 저의 미숙함에서 오는 잘못됨이 있으면 시정할 것입니다.

  그리고 이 책을 만드는 데 많은 분의 도움을 받았습니다.

  또 문맥과 오자를 바로 잡아주신 하연정 님, 그리고 이책의 구성과 화보 정리에 도움을 주신 김현진 님께 감사를 드립니다. 끝으로 본문의 구석구석에까지 신경쓰며 예쁜 그림을 그려준 정수영 님께 다시 한번 감사를 드립니다.

  눈이 내릴 때 시작하여 다시 눈이 오기 시작하는 때에 마무리하게 되었습니다.

  임용웅

# 차 례

제1장 선사시대

구석기 시대----7

신석기 시대--- 13

청동기 시대--- 16

제2장 고대국가

고조선------- 25

위만조선------29

제3장 삼국시대

고구려의 건국--33

백제의 건국---40

신라의 건국--42

고구려의 발전--45

근초고왕의 영토 확장--50

광개토대왕의 영토 확장--56

장수왕의 국가안정--62

신라의 발전--68

백제의 멸망--82

고구려의 멸망--95

제4장 남북 후삼국 시대

발해의 건국---101

발해의 멸망--104

후백제의 멸망--114

신라의 최후--120

제5장 고려

고려의 건국--125

거란의 1,2,3차 침입-132~142

무신의 반란--157

몽골의 1,2,3,4차 침입165~171

위화도 회군--193

제6장 조선

조선의 건국--201

위대한 왕 세종--217

임진왜란의 시작--253

병자호란--281

숙종의 업적--301

영조의 탕평책--305

정조의 시대--308

흥선 대원군--328

동학농민운동--352

대한제국--358

대한제국의 최후--369

일제의 무단통치--373

3.1운동--376

독립군의 무장운동--380

민족말살정책--383

일제의 패망과

근대문물의 유입--386

# 제1장
# 선사시대

구석기 시대

신석기 시대

청동기 시대

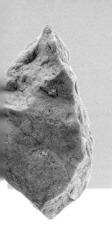

# 구석기 시대

"혜린아, 이 땅에 우리 조상들이 처음 들어와 살기 시작한 것이 언제쯤일 것 같으냐?"

"언제쯤 되요?"

"응, 구석기 시대 쯤으로 보고 있지."

"구석기 시대란....,"

그러면서 아빠의 이야기는 이어져 갔습니다. 혜린이는 책상 위에 얹은 두 손으로 턱을 고이고 아빠의 이야기를 듣고 있습니다.

우와! 신난다!
그런데 여기가 어디야.
집도 없고 길도, 사람도
하나도 보이지 않고!
보이는 것이라곤 산과
나무뿐이야.,

구석기 시대 유적지

인류의 진화

인류가 현대인으로 진화되는 과정에서 인류는 발전을 거듭하지요. 그 과정에서 두 손을 사용하여 도구를 만들어 생활에 편리하게 이용합니다. 그때 사용한 도구가 돌이냐, 청동이냐에 따라 붙여진 이름입니다.

구석기 시대는 다듬지 않은 돌을 생활의 도구로 삼아온 시기를 말하며 대략 70만 년부터 1만 년까지를 말하지요. 또 돌을 다듬고 갈아서 좀 더 생활에 편리하게 사용하던 시기를 신석기 시대라고 하는데 신석기 시대는 약 1만 년 전에서 2천 년 전까지를 말합니다. 그리고 이렇게 구석기 시대와 신석기 시대를 포함하여 선사시대라고 합니다. 선사시대란 인류의 생활에 대한 기록이 없는 시기를 말하며, 이후 서기 2천 년 이후, 오늘날까지를 역사시대라고 하지요. 이때부터는 역사에 대한 기록이 있는 시대란 뜻입니다.

이 땅에 우리의 조상이 처음 들어와 살던 시기는 구석기 시대로 보고 있으며, 그들은 동굴에서 비, 바람과 짐승의 습격을 피해 살았고 그 흔적은 평양의 상원 검은 모루동굴, 연천의 전곡리 등의 동굴에 나타나고 있지.

"전곡리 동굴은 언제 저희 모두 차로 다녀온 곳이잖

8

아요.”

처음에는 들이나 바위 밑에서 살면서 비나 추위를 피했고, 또 무엇보다 밤이면 짐승의 공격에서 벗어나기 위해 동굴을 찾아 들어갔지요. 그리고 한가지 중요한 사실은 이들이 불을 발견했다는 것입니다.

“불의 발견은 이들에게는 대단히 중요한 일이지.”

“그게 그렇게 대단한 것인가요?”

선사시대인의 생활모습 상상도

구석기인들이 사용한 돌들        신석기인들이 사용한 돌들

뗀석기      주먹도끼           간석기      간석기

불은 고기를 구워 연하게 만들어 먹을 수 있고 추위를 피할 수가 있지요. 그리고 추운 지역으로 활동의 영역을 넓힐 수가 있으며 또 밤이면 짐승의 습격을 막을 수가 있지요. 불의 발견은 인류에게 대단한 발전을 준 계기가 되었지요. 인류 발전의 역사를 볼 때 도약적인 기회를 가진 몇 가지가 있지요. 불의 발견, 수레바퀴의 발명, 나침판의 발명 등 몇 가지를 꼽을 수 있는데, 그 중에서도 불의 발견은 으뜸으로 꼽을

수 있지요.

1.돌을 뗀다

2.돌을 다듬는다

3.돌을 간다

이들 구석기인들은 무리를 지어 짐승을 사냥하거나 또는 나무나 들에 열려 있는 과일들을 따 먹기도 하며 살았어요. 짐승을 사냥하고 이를 나누어 먹을 때, 또는 잡은 짐승의 가죽을 벗길 때는 뗀석기를 사용했고, 또 나무를 자르는 데에 돌도끼를 이용하는 등 간단한 돌을 찾아 생활도구로 사용했으며, 이런 도구의 사용은 인간이 생활에 도구를 사용할 줄 아는 동물이라는 것을 보여 주었지요. 그리고 이런 도구의 사용은 인간이 미래의 생활에 있어 엄청난 발전을 예고한 것으로도 볼 수 있어요. 그리고 당시 구석기인들은 때로 큰 동물에게 쫓기기도 하였으나 반대로 큰 동물을 잡을 때는 여럿이 힘을 합해 동물을 언덕 아래로 몰아 절벽 밑으로 떨어뜨려 사냥하기도 했어요.

"그걸 지금 어떻게 알죠?"

"응, 구석기인들이 살았던 흔적이 있는 곳을 발굴해 보면 짐승의 뼈가 많이 발견되기도 하지. 때로는 언덕

주먹도끼

주먹도끼
주먹도끼는 돌을 깨서 만들거나 혹은 요즘 망치처럼 사용할 수 있는 돌을 찾아 그와 같이 사용했을 것으로 추정됩니다.

아래에서 그런 흔적이 발견되기도 해."

그리고 이들이 살아왔던 유적지를 조사한 분들은 이들이 이때 계절의 변화를 알았을 것이라고 말을 해요. 계절의 변화를 안다는 것은 추위가 오기 전에 이를 잘 넘기기 위한 준비를 할 수 있다는 것이며, 한편으로는 봄이 오면 씨를 뿌리고 가을이면 이를 수확한다는 사실을 배우게 되지요.

"아빠, 구석기 시대가 약 70만 년에서 1만 년 전까지이고 신석기 시대가 그 후부터 약 2천 년 전까지라고 하셨잖아요. 구석기 시대가 왜 그렇게 긴 거죠?"

인류의 조상은 약 5백만 년 전에 출연한 것으로 보고, 구석기인의 생활이 시작된 것을 약 70만 년 전으로 보고 있어요. 이 두 시기를 비교해 보면 구석기 시기가 그리 긴 것으로 보이지는 않지요? 다만 신석기 시대가 짧다는 것이지.

# 신석기 시대

이후 인간 생활의 발전은 급격히 빨라져 청동기, 철기 그리고 요즘의 우리 생활에서의 빠른 변화들....,아빠는 여기에서 잠시 말을 끊었다 다시 이어 갑니다.

"신석기인들의 생활이 나아지면서 이들은 여러 방법으로 돌을 활용하기 시작했지."

신석기인이 사용한 것으로 보이는 반달 돌칼

돌을 예리하게 갈아서 사냥이나 또는 거기서 얻은 가죽으로 옷을 꿰메 입기도 하였지요. 이때는 이미 돌을 이용한 여러 가지 생활도구를 만들어 썼어요, 때문에 이 시기를 가리켜 신석기 시대라고 말을 해요. 신석기 시대는 대략 1만 년 전부터를 가리키며, 이때부터 청동기 시대가 시작되는 2,000년 전까지를 말해요. 신석기 시대는 지구상에 빙하기가 끝나면서 날씨가 따뜻해졌으며, 다양한 식물이 자라

움집

빗살무늬 토기

고 사람은 움막집을 짓고 살며, 강에 나가 물고기와 조개를 잡아 먹기도 했어요. 이렇게 모여 정착 생활을 하면서 자생하는 열매가 있는 식물, 조, 기장 등의 곡식을 재배하였어요. 신석기 시대는 이처럼 간단한 농사를 짓기 시작하였고 순한 동물을 울타리에 가두어 기르기 시작했지요. 또 농사를 지은 곡식을 담아둘 필요 때문에 흙으로 그릇을 빚었으며, 여기에 선을 그려 말려 썼었어요. 이것이 빗살무늬 토기지요. 이때의 사람들은 마음에 있는 무엇을 표현하려는 욕구 때문에 동굴의 벽이나 바위에 여러 가지 그림을 그렸어요. 발견된 그림에는 그들이 사냥감으로 삼았던 동물인 사슴이나 멧돼지 등이 그려 있기도 하고 강에 있는 물고기 등도 그려졌어요. 그리고 사람들은 죽음과 미래에 대한 두려움을 갖기 시작하였고, 힘센 동물에 대한 어떤 경외심, 커다란 바위에 대한 막연한 의존심 같은 것이 생겼지요. 이 때는 벌써 사람이 죽으면 매장하는 습관이 생겼어요.

# 청동기시대

"이제부터는 청동기가 시작되는 시기로 들어가게 된단다."

"아빠, 잠깐만이요. 구석기니 신석기니 하더니, 이제는 또 청동기예요? 그건 돌이 아니잖아요."

"응, 그건 그 시대에 대표적으로 사용한 도구의 재료가 무엇이었느냐에 따라 붙여진 이름이다."

아빠는 설명을 계속합니다. 석기시대에는 돌을 도구로, 청동기 시대에는 청동으로 만든 도구를 사용한 시기이다. 그런데 이때부터는 청동으로 칼이나 창 등의 무기를 많이 만들어 썼어요.

청동기 시대는 대개 1,500년 전 내외의 시기를 가리키며, 이때는 돌을 갈아서 필요한 도구를 만들어 쓴 것이 아니라 청동기, 즉 구리와 주석을 합금한

농경문 청동기
대전 괴정동에서 발견된 것으로, 농경문 안에 새겨진 그림에는 농사지으며 살아가는 청동기인의 모습을 짐작할 수 있습니다.

농경문 청동기

# 청동기 시대의 무기들

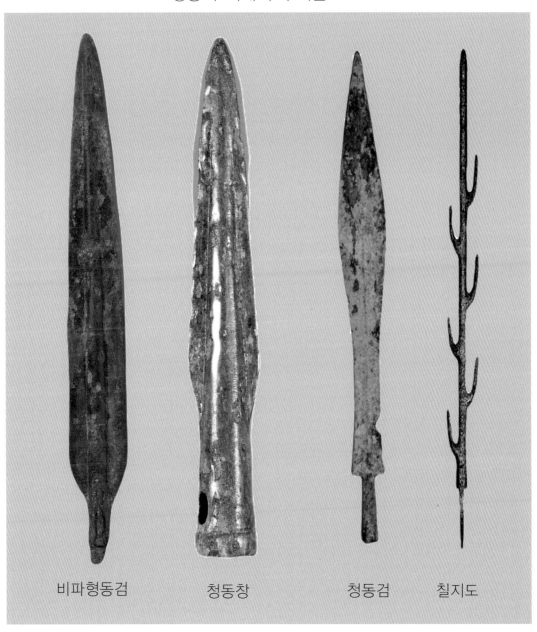

비파형동검       청동창       청동검    칠지도

광물을 사용한 것으로 이를 칼이나 장식품 등으로 만들어 쓴 것이지요. "그런 동이나 주석 등은 어떻게 찾아 냈어요?"

"인간이 불을 발견한 이후, 불로 고기를 굽거나 하다. 돌에서 흘러 나온 구리를 발견했을 것이고…,"

아빠의 이야기는 계속 되었습니다. 그 구리만으로는 너무 연하여 칼이나 창 등을 만들어 쓰기에는 적합하지가 못하지요. 이를 단단하게 할 수 있는 물질인 주석을 합성하여 만들었을 것이지만 이런 방식의 광물 합성 방식은 어느 부족이 먼저 발견하여 사용하다가 이웃 부족으로 그 방식이 다시 이웃 부족으로 전해졌을 것으로 봐요.

"지금 아빠의 말씀이 갑자기 다급해 지는 것 같은데 무슨 이유가 있나요?"

"나도 모르게 그렇게 되었구나. 이 시기는 인간의 욕심이 갑자기 많아지고, 그 욕심 때문

청동기 무기의 사용
청동기 무기는 인류 문화에 엄청난 결과를 가져왔습니다. 돌로만 도구를 사용하던 시대에 청동기의 등장은 인간이 고안한 것들을 만들어 쓸 수 있다는 사실이지요.

여기는 또 어디죠? 멀리 사람의 울림소리도 들리고...

에 싸우고, 지배하고, 그래서 더 욕심을 내는 시기였지."

"...."

"인류의 역사에서 이와 같은 시기가 몇 차례 나타나 지. 그 탐욕스런 시기의 앞에는 대개 갑작스런 발전이 있지요."

청동기 시대에 사용한 농기구

쇠보습

민무늬토기

솟대(두려움에 대한 믿음) 1
인간은 어떤 거대한 것의 간섭에 대한 두려움을 지니고 있습니다. 강한 바람이 불고 세찬 비가 쏟아지고, 또는 번개가 번쩍거리는 것, 과학이 발달하기 전까지는 어떤 거대한 힘에 의한 노여움이나 벌의 표시라고 생각했습니다.

이때는 이미 부족 집단의 규모를 넘어 일부 발전한 부족은 국가를 이루고 이웃 부족을 위협하며 계속 성장해 갔을 것이지요.

혜린이가 턱을 괸 손을 풀고 아빠의 말을 잠시 끊습니다.

"지금 그 말씀은 아빠의 상상인가요, 아니면 근거가 있나요?"

"옛 부족의 족장이나 왕의 무덤을 발굴하면 그 흔적들을 볼 수 있지."

아빠의 이야기는 계속됩니다. 이때는 이미 부족이나 국가 간에 영토를 넓히려는 전쟁이 일어났고, 이때 돌을 무기로 한 부족은 청동기를 무기로 한 부족에게 맞서 싸우지를 못하고 패하게 되지요. 패한 부족은 달아나거나 승리한 부족의 노예가 되었지요.

청동기의 등장은 생활에 많은 변화를 가져 왔어요. 이때는 인구도 무척 늘고 농사가 제법 발달하여 물을 끌어와서 저수지를 만든다든지 할 때

20

이건 또 뭐죠? 사람들이 편을 만들어 지내요. 마치 우리들 병정놀이 하는 것처럼 보여요.

청동기가 가져온 변화
청동기 이전에는 부족 사회였으나 청동기에 들어 청동무기를 가진 일부 부족 사회는 빠르게 주변의 부족 집단을 점령하여 국가를 만들어 갔습니다.

많은 사람이 동원되었지요. 또 경작지를 넓힐 때도 사람이 동원되었어요. 물이 넉넉해 지고 농기구가 발달해 지자 농산물의 수확이 늘고 쌓여 이를 보관하게 되었지요. 이런 농산물을 요즘의 표현으로는 '잉여농산물'이라고도 하지요. 따라서 곡식을 많이 보관한 부족의 수장은 권력도 갖게 되었지요. 이런 발전은 족장 간의 힘겨루기가 생기고 그렇게 하여 부족의 규모가 커지면 농산물과 토지, 그리고 노동력을 지닌 사람까지를 서로 많이 가지려는 싸움으로 이어지지요. 그러는 동안 자연스럽게 지배계급과 피지배계급이 생겼으며, 이때까지는 족장 사회라고 불러 왔으나, 이중에 먼저 국가로서의 규모나 조직을 갖춘 부족이 등장하게 되었어요. 고조선의 등장이 이 시기이지요.

청동기 시대의 또 하나 다른 모습은 청동으로 만든 비파형 동검의 등장을 볼 수 있어요. 이 비파형 동검은 비파를 닮은 단검으로 청동의 연한 재질의 단점을 보완하여 만들어 졌어요. 비파처럼 생긴 중심에 줄기 같은 중심대를 넣어 힘을 받을 수 있게 했지요. 이 비

솟대(두려움에 대한 믿음) 2
커다란 바위나 산, 또는 호랑이나 맹수에는 어떤 보이지 않는 힘이 작용하는 것이라고 생각했습니다. 그리고 사람의 죽음에 대해서는 더욱 그런 생각을 했습니다. 이처럼 인간의 능력이 미치지 못하는 곳에서 생겨지는 현상에 대해 인류는 어떤 두려움, 종교적인 두려움을 가지고 있었습니다. 솟대는 그런 두려움으로부터 자신들을 지켜 줄 것이라고 믿었습니다.

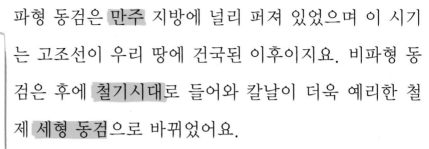

파형 동검은 만주 지방에 널리 퍼져 있었으며 이 시기는 고조선이 우리 땅에 건국된 이후이지요. 비파형 동검은 후에 철기시대로 들어와 칼날이 더욱 예리한 철제 세형 동검으로 바뀌었어요.

이후 불과 합금술의 발달로 철을 도구로 사용하는 시기가 왔고 철제무기가 등장하게 되지요.

"잠깐, 불의 발달이라는 말이 무슨 뜻이죠?"

"그것은 열기를 높히는 것을 말하는 데, 나무를 땔 때 나는 화력과 석탄을 땔 때 나는 화력이 다르지. 철은 동이나 주석보다 높은 열에서 녹기 때문에 철의 발견과 함께 높은 화력을 낼 수 있는 땔감을 찾아내지 않으면 철제 무기를 만들 수가 없지요. 철을 발견하고 이를 녹여 무기를 만들어 사용할 수 있는 부족을 청동기 무기로 대항할 수 없으므로 도망할 수밖에 없었어요. 고조선은 이런 철제무기와 청동무기를 함께 사용하던 시기에, 여러 작은 부족들이 널리 흩어져 있는 광활한 지역에서 최초로 국가로 발전한 나라이지요

"왜 청동기 무기와 철제 무기를 함께 사용했나요?"

쇠보습

쇠보습
쇠보습에 나무 등을 잡
아메어 앞에서 끌면 땅
을 좀더 깊게 갈 수 있
습니다. 사소한 것처럼
보이지만 이는 농업발
전에 큰 역할을 한 것으
로 보입니다.

"그건 아직 철제무기가 널리 보급되지 않고 두 무기가 함께 사용되었다는 뜻이지. 그는 철광석이 부족하거나 또는 철광석을 녹일 수 있는 석탄이 부족하다는 뜻이기도 하지."

"그 부족하다는 것은 정확히 무엇을 뜻하나요?"

"기술이 부족하여 깊이 있는 철광석을 채굴하지 못하거나 녹일 수 있는 가술이 부족한 것이냐이겠지."

신무기의 등장은 정복전쟁 시기에는 대단히 중요합니다. 고조선도 위만의 철제 무기에 의해 패망했고 이후 일본의 조총, 조선의 말기에 서양의 대포 등의 신무기로 인해 조선이 쉽게 무너졌던 것이지요. 때문에 이 시기에는 서로가 새로운 무기에 대한 열망이 킸을 것입니다.

# 제2장

# 고대국가

### 고조선

### 위만조선

# 고조선

고조선은 '삼국유사'에 기록된 바에 의하면 하늘 나라를 다스리는 환인에게 환웅이라는 아들이 있었는데 환웅은 인간 세상에 대한 관심이 많았어요. 이러한 환웅의 뜻을 알고 있는 아버지 환인은 환웅을 인간 세상에 내려 보내기로 하고 그에게 천부인 세 개를 주어 태백산으로 내려 보내기로 했지요.

인간 세상에 내려온 환웅은 인간 세상을 다스리는데 필요한 천부인과 함께 필요한 무리 삼천 명을 데리고 태백산 아래 신단수가 있는 곳으로 와서 그곳을 신시라고 이름 지었어요. 환웅은 바람의 신, 비의 신, 구름의 신을 거느리고 곡식, 질병, 선악 등 인간 세상에서 벌어지는 일을 직접 챙기면서 사람을 다스리기 시작했어요.

마침 태백산에는 곰 한 마리와 호랑이 한 마리가 살고 있었는데 이들은 환웅에게 사람이 되게 해 달라고

참성단
강화군의 마니산에 있는 서제 제단으로 고조선의 단군왕검에게 제사를 지내던 곳으로 민족의 성지로 알려져 있습니다.

25

삼국유사

삼국유사는 고려시대 사람인 중 일연이 쓴 것으로 주로 세상에 알려져 있는 역사에 관한 이야기를 모아서 쓴 이야기로, 사실에 의거하여 쓴 정사와는 다릅니다.

선사시대-10

26

단군왕검 영정

빌었어요. 그러자 환웅은 쑥 한 다발과 마늘 스무 개를 주면서 이것을 먹고 백 일 동안 햇빛을 보지 않으면 사람이 될 수 있다고 말했어요. 그러자 호랑이와 곰은 쑥과 마늘을 먹고 백 일을 동굴 안에서 지내기로 했으나 호랑이는 이를 참지 못하고 동굴 밖으로 나가 사람이 되지 못하고 곰은 이를 참아 여자가 되었지요.

이 여인이 웅녀이며, 웅녀는 환웅과 결혼하여 우리 민족의 시조인 단군왕검을 낳았습니다.

단군왕검은 '홍익인간'의 이념으로 백성을 다스리기 시작하지요. 그리고 고조선(기원전 2333년)의 영토는 대강 만주와 한반도 일부로 보고 있어요.

"그건 어떻게 알 수 있나요?"

혜린이가 다시 물었습니다.

"응 그건, 고조선의 유물인 비파형 동검이 만주 일대만이 아니라 이 한반도 지역에서 발견되었다는 것을 증거로 들고 있지."

아빠는 계속 설명을 이어 갔습니다.

그리고 이 비파동검은 이후 더 예리하게 만들어져 위만

백두산 천지

조선 시대에 나타나지.

"아빠, 저는 아직도 고인돌이 무엇인지 잘 모르겠어요. 그리고 왜 그 무거운 돌을 그 위에 얹어 놓았는지도요."

아빠는 다시 설명을 계속합니다.

고인돌은 본래 왕이나 족장 등 사회 지도자급 인사가 죽었을 때 행하는 의식의 하나로, 땅 밑에 왕이나 족장의 주검을 안치하고 그 위에 고인돌을 놓고 다시 그 위에 덮개로 덮어 두지요. 고인돌은 조상을 묻지만, 마을의 안녕을 위하기도 하며 제사 장소로 사용하기도 했지요. 남한에는 강화도와 고창에 남아 있어요.

또 고조선은 8가지 금지법을 만들어 백성을 다스렸지요. 예를 들면 '사람을 죽인자는 사형에 처하며, 도둑질한 자는 노예로 삼는다.' 등이며 이처럼 엄격한 형벌 제도를 두어 사회를 안정시켰지요. 고조선은 이처럼 안정을 꾀하며 약 1,500년을 다스려왔지요.

고창에 있는 고인돌

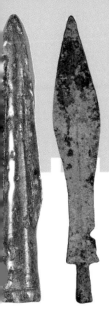

# 위만조선

위만조선과 한의 공격도

위만은 중국의 연나라에서 벼슬을 하고 있던 장수로, 당시 연나라가 흉노에게 망하자 주민들은 흉노, 또는 패망한 연나라를 따라 북쪽으로 달아나거나 혹은 일부가 고조선으로 도망왔지요. 위만은 이때 고조선에 거짓으로 항복을 했다가 흉노와 한나라와의 싸움으로 고조선이 어수선한 틈을 타 왕검성을 공격하여 고조선의 준왕을 몰아내고 스스로 왕이 되었지요(기원 전 108년). 위만은 나라이름을 그대로 조선이라 했으며 또 조선으로 들어올 때 상투를 틀고 오랑캐 옷을 입었다고 하지요. 또 고조선의 문화를 그대로 받아들였으므로 고조선을 계승한 것으로 보지요.

한사군
한나라는 위만조선을 멸하고 그자리에 낭랑,임둔,현도,진번 등 4군을 설치하였습니다(서기108).

위만 조선은 서로는 중국의 한나라가 있고 동으로는 부여가 있어 중개 무역하기가 좋은 조건이었으며, 따라서 위만조선은 이런 중개 무역으로 경제적 이득을 보고 있었습니다. 그러나 한나라로서는 동쪽에 자리 잡고 있는 이런 위만조선이 여간 눈엣가시가 아니었지요. 부여 등 여러 부족과 교역을 하려 해도 위만조선이 막고 있어 교역을 할 수 없는 형편입니다. 한나라는 기회만 있으면 위만조선을 공격하려 했던 차에 내분으로 어수선해진 틈을 타서 육군 5만 명과 수군 7천 명을 앞세워 위만조선을 공격해 왔지요. 양적으로 비교가 되지 않는 위만조선이지만 이에 맞서 용감히 싸웠으나 일 년을 넘기지 못하였습니다(기원 전 108년). 이렇게 망한 위만조선의 백성 일부는 남쪽으로, 또 일부는 동쪽과 북쪽으로 달아났습니다. 한나라는 위만조선이 망한 그 땅에 낭랑, 임둔, 현도, 진번 등 4개의 군현을 설치했습니다.

훗날 평양의 고무덤에서 발견된 무덤의 주인공에서는 세동형 동검을 허리에 차고 많은 장신구를 둘렀으며 수

레를 타고 다닌 흔적을 볼 수 있다고 해요. 이것은 이미 위만조선에 신분제가 있었으며 귀족들은 사치스런 생활을 했었던 것을 알 수 있지요.

"아빠, 그런데 위만이 연나라 사람이라면 왜 '위만조선'이라고 하였나요?"

"그게 분명히 밝혀지지가 않았지. 연나라 사람이라는 설과 조선인으로 연나라에서 벼슬을 하던 사람이 고조선이 어수선하던 틈을 타서 고조선으로 위장 항복을 했다가 고조선을 공격하여 나라를 세웠다는 설 등 아직은 확실하게 밝혀지지 않았지. 아직까지는 위만조선으로 보는 것이 일반적이라고 생각해요."

솟대

# 제3장
# 삼국시대

고구려

백제

신라

# 고구려의 건국

고구려는 시조가 동명성왕으로, 다음과 같은 건국 설화가 전해지지요.

"건국설화라는 게 무슨 말이지요?"

그러나 아빠는 대답 대신 이야기를 이어갑니다.

오녀산성

고대국가에는 어느 나라이든 그 나라가 세워지게 된 이야기가 신화처럼 전해져 내려오지요. 그것은 초기 국가에서 그 국가의 위대함을 내외로 과시하기 위해 만들어진 것이라고 볼 수 있으며 그 위대성이 부근에 흩어져 있는 여러 부족들을 모아 더 큰 규모로 발전시키는데 많은 도움이 되기 때문일 것이라 여겨지지요. 이런 현상은 문명국가에서 볼 수 있는 왕관의 화려함이나 무덤의 거대한 모습에서도 비슷하게 나타나지요.

고구려의 건국 이야기는, 물의 신인 해모수에겐 해부루가 있는데 해부루가 어느 날 사냥을 갔다가 그가 타고 있는 말이 한 바위 앞에서 꿈쩍도 하지 않았어요. 해부루가 신하를 보내 연유를 알아보니 그곳에선 금빛이 빛나고 금빛이 빛나는 바위 밑에 잘생기고 큰 아이가 있어서 해부루는 기뻐하며 그 아이를 안고 궁으로 돌아왔지요. 그 아이는 개구리처럼 머리가 뽀족하고 목이 굵어 개구리를 닮았다하여 '금와'라고 이름지었다 해요. 그러던 어느날 한 신하가 꿈에 들은 이야기를 전하기를 '천제께서 저에게 여기서 동쪽으로 가면 큰 나

고구려 고분벽화

이게 사람 사는 곳이라고요? 길에 풀만 무성하고. 집에 돌아가고 싶어요

라로 발전하기에 훌륭한 땅이 있으니 그곳으로 옮기는 것이 좋겠다고 합니다.' 그 후로 해부루는 며칠을 생각하다 결국 그곳으로 도읍을 옮기고 나라 이름을 동부여로 고쳤습니다. 세월은 흘러 해부루가 죽고 금와가 임금에 오른 어느날 금와왕이 사냥을 나갔다가 한 아름다운 여인을 만났어요. 금와왕이 그 여인에게 물었습니다,

"그대는 누구인고?"

그러나 유화는 아무말도 하지 않았습니다. 금와왕은 이상한 생각이 들어 유화를 궁으로 데리고 와 작은 방 하나를 내어 주도록 하고 궁녀로 하여금 잘 보살펴 주도록하였지요. 그런데 벽 위에 있는 작은 창에 스며드는 햇빛이 계속하여 유화를 따라다녀 이상하게 여겼지만 따로 윗분에게 고하지는 않았어요. 며칠 뒤 유화가 진통을 했습니다. 그리고 금화윙에게 올라온 괴이한 보고는

"유화가 알을 낳았습니다. 그것도 엄청 큰 알이었습니다."

금와왕은 깜짝 놀랐습니다.

"사람이 알을 낳다니."

유화가 알을 보에 잘 싸서 따뜻한 곳에 두어 보관하였더니 얼마 뒤 알에서 사내 아이가 나왔습니다. 사내 아이는 금새 영특한 모습을 보였고 또 담력이 컸습니다. 그는 무예가 뛰어났지만 그중에서도 활쏘기에 출중한 면모를 보였습니다. 금와왕은 그에게 '활 잘 쏜다는 뜻'의 '주몽'이라는 이름을 붙여 주었습니다.

금와왕에게는 일곱 명의 왕자가 있었습니다. 그 중에서 주몽이 활솜씨와 말달리기 등이 뛰어났습니다. 그래서 다른 형들의 미움을 받게 되었습니다.

그 중에서도 큰형인 대소의 미움을 가장 많이 받았습니다. 대소는 어떻게든 주몽을 제거하려 노력했습니다. 주몽도 형들의 이런 시기심을 알고 있었죠. 그래서 그곳을 떠나고 싶었습니다. 유화 부인도 그런 주몽의 마음을 눈치 채고 있었습니다.

'네가 기를 펴고 살 수 있는 땅으로 떠나라.'

하늘이 화창한 어느 날 새벽에 주몽은 마침내 자신을 따르는 부하 약간을 이끌고 떠나기로 했습니다. 주몽은 말 위에 올라타자 두 발로 힘차게 말의 배를 걷어

그런데 대소 형은 왜 주몽을 그렇게 미워하죠?

찼습니다.

'어머니, 인사도 드리지 못하고 떠나옵니다. 못난 아들을 용서해 주십시요.'

주몽 일행이 부여의 국경을 가로 흐르는 염체수 앞에 이르렀을 때지요. 주몽 일행은 잠쉬 쉬어 갈 생각으로 말 고삐를 잡고  내리려 하자 부하 하나가 소리를 질렀습다.

"추격이다."

주몽은 그 소리에 놀라 돌아보니 대소가 앞장서고 그중에서 뒤를 다른 형제와 부하들이 달려오고 있었습니다. 그러나 앞은 강물이 흐르고 있어 더는 도망갈 수도 없었습니다. 주몽은 강물 앞에 꿇어 빌었습니다.

"물의 신이시여, 저는 천제의 손자이며 하백의 외손입니다. 지금 저를 주이려는 자들이 쳐들어 오고 있습니다. 그러하오니 제가 이 강을 건널 수 있게 도와주십시요."

그러자 많은 거북이가 나타나 다리를 만들어 모두 무사히 강을 건넜습니다. 그러자 거북은 모두 흩어

비류수
비류수는 오늘날 중국 러오닝성과 길림에 걸쳐 흐르는 훈강이 아닌가 합니다.

져 물 속으로 사라지니 추격하던 대소 일행은 닭좇던 개가 되어 주몽 일행의 모습만 보고 있었습니다. 주몽은 그런 대소를 향해 어머니와 아내를 잘 보살펴주면 나중에 은혜를 갚겠지만 만약 그렇지 않으면 원수를 갚겠다고 말한 뒤 남쪽을 향해 내려와 북만주의 비류수 부근에 터를 정하고 세력을 넓혀 갔습니다.

38

온달성

그 뒤 졸본의 공주와 결혼을 하였다가 졸본왕이 죽은 뒤 주몽은 졸본국을 고구려로 고치고 고구려의 왕이 되었습니다 (기원 전37년).

주몽이 부여를 떠난 뒤 그의 아내 예씨부인은 아들을 낳았습니다. 부인은 그 아이의 이름을 유리라고 지었습니다. 유리는 무럭무럭 자라 아버지의 기강을 이어 받아 말타기와 활쏘기에 능한 청년이 되었습니다.

그러나 아버지가 남쪽의 졸본 왕이 되었다는 어머니의 말씀에 그도 남쪽으로 내려가기를 원하다 어느날 어머니와 단 둘이만 남쪽을 향해 떠났습니다. 주몽이 부인과 아들 유리를 만나 그를 태자로 세우자 주몽의 곁에 있던 소서노는 자신의 두 아들인 비류와 온조를 데리고 고구려를 떠나 남쪽으로 내려갔습니다.

거짓말! 어떻게 거북이가 사람의 말을 알아듣고 다리를 만들어요.

# 백제의 건국

이렇게 고구려를 떠난 비류와 온조는 지금의 서울 부근에 이르니 산세가 적을 막기에 좋고 땅도 기름져 이 곳을 도읍으로 정하기로 하였으나, 비류는 생각이 달랐습니다. 나라를 세우려면 먼 앞날을 봐야 하는데 이 곳은 터가 좁고 사방이 막혀 있어 맘에 들지가 않았습니다. 그리하여 비류는 자신을 따르는 부하를 이끌고 다시 서남쪽을 향해 내려갔습니다. 그곳은 첫째 바다가 있어 나라가 열려 있으므로 많은 나라와 교역할 수 있고 또 무엇보다 소금과 해산물이 많아 생활에 어려움이 없다는 생각이 들었습니다.

서로 이처럼 나라를 세우기 적합한 곳에 도읍을 정했으나, 비류의 선택은 성급했던 듯싶었습니다. 비류가 도읍으로 정하기로 한 곳이 해산물이 넉넉하고 사방이 열려 있으나, 땅에 소금기가 있어 농사 짓기에 어려움이 많았습니다. 비류는 난관에 부딪혔다가 병을 얻어

백제의 지도자
같은 민족이 남으로
더 내려와 백제를 세
웠습니다.

죽었습니다.

 온조는 위례성 부근에 도읍을 정하고 나라 이름을 백제로 정하니 이때가 기원 전 18년입니다. 온조는 차분히 나라의 기틀을 잡아갔고 영토를 넓혀 형 비류가 세웠던 곳까지 자기의 나라에 흡수하여 영토를 확장해 나갔습니다.

풍납토성

# 신라의 건국

북으로 고구려와 서쪽에 백제가 세워지기 이전에 남쪽으로는 여러 나라가 세워졌습니다. 마한, 진한, 변한 등과 아직은 부족 수준의 작은 집합체가 있어 아직은 국가 형태로 성장하지는 못하였습니다.

그중에 낙동강 동쪽에 자리잡은 진한에 여섯 마을 촌장이 남쪽 언덕 위의 큰 나무 밑에서 모여 의논을 했습니다. 그중에서 가장 나이가 많은 촌장이 입을 열었습니다.

"요즘 마을 사람들이 행동하는 것을 보면 질서도 잡히지 않고 생각도 신중하지 못하여 저들을 앞으로 어떻게 이끌어 가야할 지가 염려됩니다."

그러자 다른 촌장 하나가 말을 받습니다.

"그것은 부족 전체를 이끌어갈 왕이 없기 때문이지요."

"그럼 어찌 해야합니까?"

"그야 당연히 왕을 선출하여 나라를 세워야 하지요."

삼한의 이야기
삼한은 삼국시대 이전에 한반도에 자리잡고 살았던 부족국가로 마한, 진한, 변한의 삼국을 가리킵니다.

경주 계림

"그럼 그 왕이 될 분을 어디서 찾는다는 말입니까?"

"그러기 위해서 먼저 도읍을 정합시다."

여섯 촌장은 먼저 높은 곳으로 올라가 도읍으로 정하기에 적합한 곳을 찾기로 했습니다. 높은 고개 위에 올라서 사방을 살펴보니 저 아래의 우물에 이상한 불빛이 부근 골짜기를 비추고 있었어요. 그래서 내려가 자세히 보니 흰말 한 마리가 그 앞에 꿇어 앉아 절을 하고 있었습니다. 사람이 다가가자 흰말은 인기척에 놀라 크게 한 번 울고는 하늘로 올라 갔어요. 그리고 흰말이 있던 그 자리에는 커다란 알이 있었어요. 나이가 가장 많은 촌장은 이 알이 하늘이 우리에게 주신 선물일지 모르니 알을 마을로 가지고 가자고 하여 마을로 가지고 왔어요. 마을로 가지고 온 알을 조심스럽게 깨어보니 알 속에 단정하고 씩씩한 남자 어린이가 있었습니다.

"이것은 길조입니다. 하늘이 우리에게 주신 좋은 선물이니 우리 이 아이를 훌륭히 키웁시다."

연장자인 촌장의 의견에 따라 그 아이에게 '밝은 세상을 다스린다는 뜻'의 '혁거세' 라고 이름을 짓고

경주 5능

귀하게 모셨습니다. 그런데 이상한 일이 또 일어났습니다. 사량리에 있는 '알영'이라는 우물가에 닭처럼 생긴 계룡이 나타나 그 남자 아이가 있는 옆에 여자 아이를 낳았어요. 여자 아이는 예뻤지만 입술이 닭처럼 생겼어요. 사람들은 여자 아이를 데리고 냇가로 가서 깨끗이 씻기니 그 부리가 떨어져 나가고 정말로 예쁜 여자로 바뀌었어요.

마을 사람들은 이 두 아이를 정성껏 키웠어요. 남자 아이는 박 모양의 알에서 태어났으니 이름을 '박혁거세'라고 짓고 여자 아이는 태어난 우물의 이름을 따서 '알영'으로 지었지요.

이 아이가 열세 살이 되자 촌장들은 남자 아이를 왕으로 삼고 여자 아이를 왕비로 삼았어요. 그리고 계림을 도읍으로 정하고 나라 이름을 '서라벌'(기원 전 57년)로 정했으나 한참 뒤에는 '신라'로 바꾸고, 도읍도 이름을 서라벌로 바꾸었지요.

서라벌
지금의 경주지방 일대를 서라벌 또는 계림이라 불렀습니다.

# 고구려의 발전

"낙랑군은..."

아빠는 이야기를 시작합니다.

　중국의 한나라가 위만조선을 멸하고 그곳에 네 개의 군을 세웠는데 그중 하나가 평양 부근에 세운 낙랑군이지요. 낙랑군을 처음 설치했을 때에는 한족도 많이 들어와 살았으나 조선인도 많이 살았다고 해요. 이들은 중국과 평양을 오가며 장사를 하는 사람이 많았다고 하며 경제적으로 여유가 있어 비교적 호화스런 생활을 했다고 해요.

　낙랑은 중개무역으로 성장을 거듭하다 2세기 말부터는 국력이 서서히 약해지기 시작했지요. 당시 낙랑의 서쪽으로는 공손씨의 세력이 점점 커지기 시작하고 동으로는 고구려의 세력이 커지면서 낙랑의 국력은 차츰 쇠퇴해 지기 시작했어요. 고구려는 당시 영토를

단양 적성비

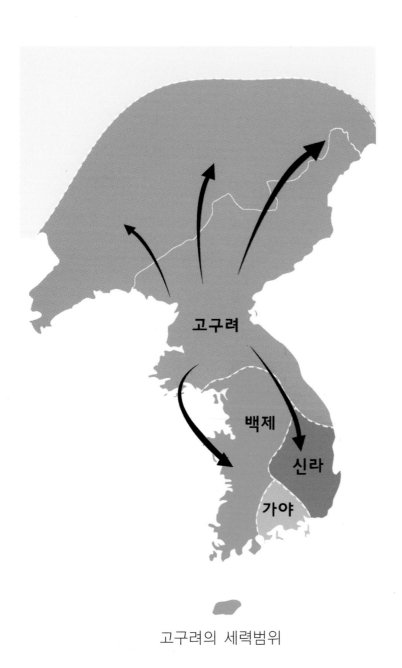

고구려의 세력범위

확장해 나가던 중에 낙랑군의 이처럼 쇠퇴해 가는 모습을 보고 대무신왕은 낙랑을 공격하기로 하였어요, 특히 낙랑은 땅이 비옥하여 농산물이 풍부하고 날씨도 졸본보다는 따뜻하여 몹시 탐이 나는 땅이었지요.

그래서 군사를 보내서 공략을 하였으나 번번이 실패하고 돌아왔습니다. 한번은 대무신왕이 장수를 불러서 물었습니다. 장수의 대답은 의외였습니다.

"낙랑에는 '자명고'라는 북이 있는데 신기하게도 이 북은 적이 성 외곽에만 와도 저절로 울린다고 합니다. 그래서 기습 공격을 할 수가 없고, 또 성이 워낙 높고 단단히 쌓아 정면 공격하기는 더욱 어렵습니다."

"아빠, 잠깐만요. '자명고' 하면 어디선가 들은 '호동왕자와....' 하는 그 자명고인가요?"

"그래, 너도 그 이야기는 들은 모양이구나."

"그 일부 알려진 '낙랑공주와 호동왕자' 이야기를 이제 약간만 하려고 해요."

그러자 혜린이가 한 발 다가 앉으며 침을 꼴깍 삼킵니다. 그것은 '아빠 어서 해주세요' 하는 듯한 모습입니다. 아빠의 이야기는 이이집니다.

낙랑공주는 사랑 때문에 나라를 팔아 먹은 공주가 되네요.

"그럼 그 자명고를 찢어 버려야 한다는 이야기군...."

대무신 왕의 표정이 갑자기 심각해집니다.

"...."

장군은 대답을 하지 못합니다. 그런데 무슨 수로 그 북을 찢는단 말인가....

이를 듣고 있던 한 신하가 의미 있는 표정을 지으며,

"얼마전 신하가 들은 이야기로는 호동왕자께서..."

평양성 칠성문

그 신하의 이야기는 다음과 같습니다. 왕자가 사냥을 갔다 그만 실수하여 낙랑의 영토 안에 들어가게 된 일이 있었는데 그때 우연찮게 낙랑공주를 만났었다고 합니다. 두 사람은 젊었던지라 곧 가까워지고 그리하여 둘이는 사랑을 나누었다고 합니다. 그러나 왕자는 대왕의 노여움이 겁이 나서 아버지께는 고하지 못한 모양이오니 ..,.

"왕자를 불러 의논해 보시는 것이 좋을 것 같습니다."

왕자를 불러 자초지종을 들은 대무신왕은 호동왕자에게 자명고를 없애는 일을 맡기기로 하였습니다.

호동왕자는 깊은 걱정에 빠졌습니다. 낙랑의 자명고는 낙랑의 운명을 결정짓는 것임도 전부터 알고 있었지요. 그런데 그 자명고의 제거를 떳떳하게 싸움을 통해 없애는 것이라면 또 모르겠으나 사랑하는 여인의

고구려인의 기상도

손을 빌려 몰래 한다는 것은 정말 내키지를 않았지요.

'공주가 이를 실행한다' 해도 그 공주의 운명은 또 어떻게 되겠는가. '그러나 이는 나라의 장래에 관한 문제라 하니...' 왕자로서 받아들이지 않을 수가 없지요.

아버지 대무신 왕은 왕자의 고민을 알고 있습니다. 그러니 옆에서 그런 갈등에 빠져 있는 모습을 보기가 안타까웠지요. 그러나 그도 왕자가 극복해야 할 '왕자의 길'임을 압니다. 호동왕자는 며칠을 고민하던 끝에 공주에게 편지를 썼습니다. 편지를 받은 공주는 괴로웠으나 결국 자명고를 찢고, 그 사실을 호동에게 알렸습니다.

그리하여 고구려는 낙랑군을 정벌하여 늘 바라던 기름진 낙랑의 영토를 차지하였습니다(서기 313년).

# 근초고왕의 영토확장

낙랑과 대방군을 멸한 고구려는 내친 김에 남쪽의 백제까지 넘봤지요. 그러나 백제는 근초고왕이 왕위에 올라 안으로 내실을 다지며 낙동강 유역으로 세력을 뻗힌 뒤 북으로 영토를 넓히려 했던 때지요. 따라서 근초고왕은 신중했지요. 먼저 신라를 안심시키지 않으면 안 될 것이라 여겨 신라에 준마 몇 필을 보내 안심을 시켰습니다. 이러한 때에 고구려의 고국원왕은 백제의 치양성을 공격했습니다. 이 소식을 전해들은 근초고왕은 친히 군사를 이끌고 맞서 싸워 승리하였습니다. 그 뒤 고구려가 다시 쳐들어 왔으나 근초고왕은 예성강 부근에서 이를 물리쳐 이곳을 백제의 영향력하에 두게 되었습니다. 이 전투에서 고국원왕은 부상을 입고 끝내 사망하고 말았죠.

부하들은 이번 기회에 고구려의 수도인 평양까지 진격하자는 주장을 하였으나 근초고왕은 이를 물리치고

> **침류왕과 불교**
> 백제는 침류왕때(384년) 인도의 중 마라난타가 동진으로부터 들어와 불교를 전했으며, 백제의 불교 공인과 신봉은 당시 백제사회에 만연했던 민간신앙을 정리하고 백제사회를 안정시키는 데 기여했습니다.

백제의 세력 범위

한성으로 돌아왔습니다. 돌아온 근초고왕은 피로한 군사들을 잘 먹이고 쉬게 한 뒤 바다를 건너 중국의 산동지방과 요서지방의 여러 작은 국가를 평정하여 백제의 영향력 아래 두었습니다.

이처럼 백제를 강한 국가로 만든 근초고왕은 왕위에 30년동안 올랐다가 서기 375년에 세상을 떠났습니다. 그러나 근초고왕의 업석은 백제의 영토 확장에만 있는 것이 아닙니다. 백제의 영향력은 중국만이 아닙니다.

천자문

남쪽으로 바다 건너 일본에까지 영향을 주었습니다. 근초고왕은 학문이 높고 말을 잘 다룰 줄 아는 아직기를, 말 두 필과 함께 일본으로 보내 일본의 말 사육법을 전했고, 또 아직기는 일본 태자의 스승이 되었으며, 아직기의 천거로 일본에 온 왕인박사는 천자문에서부터 논어, 중용 등의 경서를 가르쳤습니다. 뿐만 아

서산마애여래삼존상

일본의 호류자금당

나라 지니고 있는 먹과 붓 등으로 글씨 쓰는 방법, 즉 글씨체를 가르쳤습니다. 이때 가르쳐준 왕인 글씨체는 일본의 고전 글씨체로 자리 잡았습니다.

"아빠, 일본에 사람을 보내 한문이나 글씨 쓰기 등의 가르침도 모두 노력과 비용이 드는 일일 텐데, 그것은 오히려 국력 낭비 아닌가요?"

그러나 아빠는 계속하여 설명합니다.

이외에 노래도 가르쳐 일본 노래의 바탕이 되었어요. 이렇게 일본에서 열정을 보인 왕인은 결국 백제로 돌아오지 못하고 일본에 뼈를 묻었지요.

지금도 일본 오사카와 도쿄에는 왕인을 기리는 비석이 있어요. 지금도 일본인에세는 고구려와 백제에 대해 어느 나라가 더 기억되느냐고 묻는다면 단연 백제에 대해 더 관심을 보일 거예요.

그제서야 아빠는 혜린이의 질문에 답을 합니다.

"혜린아, 글이나 그 글을 쓰는 방법, 또는 노래 등

그래도 저 같으면 돈을 받고 가르쳐 주지 그냥은 안 가르쳐 주겠네요.

을 전달하고 가르치는 것은 비용이나 노력 등 많은 에너지가 소모되는 것이므로 당장에는 손실처럼 보이겠지만, 그것은 물질적인 것과 달리 상대를 정신적으로 지배하는 것이 되요."

혜린이의 눈이 약간 의아해 하는 모습을 보이자 아빠는 다시 혜린이의 이해력을 돕기 위해 설명을 합니다.

정림사지 5층석탑

백제금동대향로

"다시 말해 문화적인 것은 그를 전해 받은 나라나 국민은 전해 준 나라에 대한 고마움이나 존경심, 혹은 계속하여 배우고자 하는 생각 때문에  그들의 마음 깊이 남아 있게 되지."

 예를 들면,

 "지금 혜린이에게 설명하는 아빠에 대해 혜린이가 갖는 마음처럼, 따라서 그 값이란 어떤 물질적인 것으로 표현할 수 없을 만큼 크지."

 "그러니까, 선생님에게 갖는 어린이들처럼요?"

 혜린이는 이제야 궁금증이 풀린 듯 눈이 다시 초롱초롱해 집니다.

# 광개토대왕의 영토확장

고구려의 미천왕(15대)이 죽고 고국원왕이 고구려의 16대 왕위에 오르자 먼저 그동안 싸움으로 훼손된 성을 고쳤습니다.

"성이 튼튼해야 외부와의 전쟁에서 이길 수 있다."

성이 안전하면 병사들도 싸움에 더 힘을 낼 수 있으며 적군도 섣불리 침범할 생각을 못하는 법이란 것을 누구보다 잘 알고 있기 때문이지요. 뿐만 아니라 고국원왕은 인근의 나라와도 외교를 통해 관계를 개선해 왔습니다. 그러나 요동 지역에 있는 전연과의 관계는 점점 악화만 되어 갔습니다. 전연의 모용황은 자신을 반대한 두 장수를 고구려가 받아들인 것에 앙심을 갖고 끝내 고구려를 쳐들어 왔습니다. 고구려군은 이를 맞아 열심히 싸웠으나 힘의 열세로 대패하고 고국원왕은 환도성을 버리고 홀로 도망가야 하는 신세가 되었습니다. 이러던 차에 우환은 겹쳐 온다고 남쪽에서

**소수림왕과 불교**
소수림왕은 고구려 17대왕으로 율령반포와 불교를 공인하여 고구려를 안정시키고 더욱 발전할 수 있는 기반을 만들어 놓았습니다.

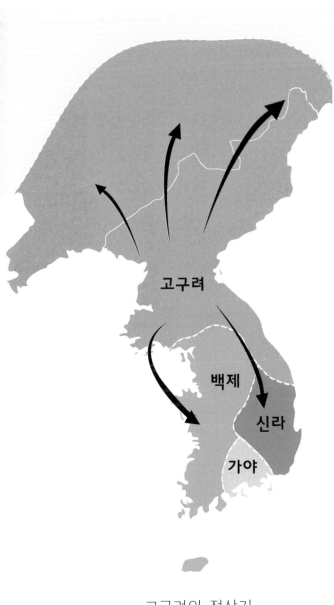

고구려의 전상기

는 백제의 근초고왕이 쳐들어왔습니다. 앞 뒤로 적을 맞아 고전을 면치 못하던 고국원왕은 백제군의 화살을 맞아 세상을 떠났습니다. 이렇게 힘든 세월을 보내던 시기에 고구려는 광개토대왕이 왕위에 올랐습니다.

광개토대왕은 태어날 때부터 기골이 장대하여 어려서부터 사냥에 따라다니기를 좋아했으며 사냥터에서는 활을 쏘며 사냥에도 열심히 참여했습니다. 광개토대왕은 누구에게도 지지 않으려는 근성이 있었습니다. 이런 광개토대왕이 왕위에 올랐을 때는 고구려는 이미 백제, 신라 등과 무력

광개토대왕 비

충돌이 빈번하게 일어나고 있었습니다. 이를 잘 알고 있는 광개토대왕은 왕위에 오르자 곧 말의 사육을 늘리고 모든 군사에게 활쏘기를 철저히 시켜 기동성을 높히도록 하는 등의 군사훈련을 강하게 시켜 공격에 대한 대비와 차후 상대를 공략하기 위한 준비를 철저히 시켰습니다. 그런 다음 먼저 백제의 작은 성들을 공략하기 시작하여 서기 395년에는 백제의 도성까지 함락시켰고, 또 신라의 금관가야까지 진격하여 항복을 받아내기도 하였습니다.

또 당시 고구려의 북쪽에는 선비족이 세운 후연이 있었습니다. 고구려는 이 후연과 대치하고 있는 상태에서 광개토대왕은 후연과 외교적 노력으로 분쟁을 막으려 했으나 실패하고, 따라서 후연은 고구려를 침범해 왔습니다.

우리나라 왕이 광개토대왕 같은 사람만 있었으면 좋겠네요.

이에 광개토대왕은 후연과의 한판 승부를 피하지 않았습니다. 고구려군은 신라와 백제와의 연이은 싸움에서 승리한 때문에 사기는 하늘을 찌를 듯했습니다. 광개토대왕이 이끄는 고구려군은 서쪽의 요하를 건너 후연의 요충지가 되는 성들을 연이어 격파하고 후연의 후방인 연군을 차지하였습니다. 이 전쟁으로 약해진 후연은 결국 멸망하고야 말았습니다. 그런 뒤를 이어 다시 일어난 북연과 새로운 외교 관계를 맺어 서

장천1호분 회마도

쪽으로 맞닿은 국경을 안정시켰습니다. 이어서 고구려는 늘 후환으로 있는 북쪽의 동부여를 공격해 만주와 연해주 지역을 고구려의 영토로 편입시켰습니다. 이로써 고구려는 한반도와 만주 일대의 영토를 모두 차지하는 큰 나라가 되었습니다.

광개토대왕은 영토만 넓히는 영토 확장 전쟁만 한 것은 아닙니다. 내치에도 힘써 백성들이 농사에 힘쓸 수

장천1호분 무악도

중원 고구려비

있게 농번기에는 부역을 줄이고 물을 끌어올 저수지를 늘리는 데에도 힘써서 농사도 풍작이 되어 백성의 생활과 군량미를 넉넉히 비축해 놓았습니다.

그러나 하늘은 그런 광개토대왕을 고구려를 위해 오래도록 일할 수 있게 해 주지 않았습니다. 광개토대왕은 40이란 젊은 나이에 세상을 떠나니 재위 23년이었습니다. 고구려는 광개토대왕 이후 동북아시아의 대제국으로 군림하게 되었으며 광개토대왕은 건국 시조인 동명성왕과 함께 고구려의 대표적인 왕으로 꼽힙니다. 그의 뒤를 이은 장수왕(20대)은 아버지 광개토대왕이 굳건하게 다진 고구려의 기틀을 더욱더 단단히 하였습니다.

고분에 그려진 고구려인의 기상
고구려왕의 무덤으로 보이는 고분에 그려진 그림에는 고구려인의 늠름한 기상이 잘 드러나 있습니다.

고구려기와

61

# 장수왕의 국가안정

장수왕은 아버지의 뒤를 이어 서기 412년에 고구려의 20대 왕이 되었습니다. 장수왕은 현명하고 판단력이 빨랐습니다. 당시 중국은 여러 나라가 난립하여 그야말로 그 향방을 알 수 없을 만큼 어수선했습니다.

'중국의 저 분열은 멀지 않아 정리가 될 것이다.'

그때까지 고구려는 어느 나라에 치우치지 않고 외교로써 나라를 지켜 절대 쓸데없는 싸움에 말려들어 국력을 낭비해서는 안 된다고 장수왕은 생각하였습니다. 주변의 동진과 북위, 북연 등은 여러 차례 고구려의 도움을 요청하였지만 장수왕은 도움은 정중히 받아들이면서도 그 나라와 동맹을 맺거나 하지는 않았습니다. 이처럼 어수선했던 중국의 분열은 마침내 장수왕의 예측처럼 남쪽의 송왕조와 북쪽의 위왕조의 양국으로 통일되어, '16국 시대'에서 '남북조 시대'로 정착이 되었습니다. 이처럼 장수왕은 주변의 여러 나라에 영향

력을 행사하면서도 큰 에너지를 소모하지 않고 나라를 안정시켜 나갈 수 있었습니다. 장수왕은 국내의 정치에도 신경을 써서 광개토대왕의 업적을 기린 비를 졸본성 등에 세웠으며, 도읍을 졸본에서 평양으로 옮겨 나라의 안정을 확고히 하였습니다.

"그런데....."

아빠는 말을 잠시 멈춥니다.

"왜요, 아빠?"

천마총

혜린은 아빠의 얼굴을 살핍니다.

"우리 함께 역사 지도를 보자."

"갑자기 역사 지도는 왜요?"

"이 역사 지도가 가리키는 것처럼 졸본성은 북쪽 만주에 있고 평양성은 여기 대동강가에 있지?"

혜린은 아직도 어리둥절합니다.

"그리고 요하 지방과 북만주, 연해주 등은 이 북쪽과 중국의 동쪽에 있는데 고구려는 도읍을 남쪽 한반도로 옮긴다는 것이 쉽게 이해가 되지 않아서지."

"넓은 북쪽의 대륙을 두고 남쪽의 반도로 이주해 온

평양성내성　칠성문

64

"도읍은 그 나라의 중앙에 있어야 나라 전체를 통치하기 좋은 것이지, 더욱이 교통이 요즘처럼 발달하지 않은 옛날에는.  그런데 그 넓은 북쪽 만주에는 기마민족들이 활발하게 움직이고 있는데, 그 북쪽을 비워두고  도읍을 남으로  옮긴다는  것이 납득이  되지  않아서

평양성 북성 전금문

고구려 고분벽화

이지."

"……?"

혜린은 그래도 이해가 안되는 듯해 보입니다.

"만약 전쟁이 나면 우선은 북쪽에 있는 성에서 출전한다고는 하지만 전쟁이 오래되면 전쟁에 필요한 보급 물자를 지원해 줘야 하는데 그 거리가 멀면 멀수록 지원하기에 불리하지, 이는 전략적으로도 좋은 방법은 아니야."

아빠는 이야기를 이어 갑니다.

"역사를 보면 이후로 발해가 건국했다가 사라진 뒤에는, 북쪽의 넓은 땅을 한 번도 회복한 일이 없어요."

그제야 혜린은 이해가 되는 모양입니다. 장수왕은 당장의 생각으로 고구려가 넓은 만주 벌판에서 벌어지는 분란에  휘말리지 않으려는 생각에서였겠지만 멀리 내다보지 않고 성급히 내린 결정이 아니었나 하는 생각도 들어요.

"……"

혜린은 아무 말이 없이 역사 지도만 바라봅니다.

　그러나 장수왕은 내치에 힘써 농업 생산도 늘고 인구도 많이 늘어 백성이 비교적 풍요로운 생활을 할 수 있게 했지요. 고구려는 광개토대왕이 국토를 확장하고 장수왕은 안정을 시켜 고구려의 번성기를 맞이했지요.

장군총

# 신라의 발전

한반도에서 가장 먼저 발전한 나라는 백제였으나 뒤이어 고구려가 중원을 차지하였어요. 이런 시기에 신라는 가야를 멸한 뒤 북으로 관심을 돌렸던 때입니다. 그런 때에 고구려는 중원에의 침입이 잦아지자 백제는 신라에 동맹을 청해 백제와 신라는 '나제동맹'을 맺었습니다. 그러나 진흥왕이 법흥왕의 뒤를 이어 신라의 24대 왕이 되자 신라가 한반도의 동쪽에 치우친 형국에 머물러 있는 것이 불만이었습니다. 북으로는 고구려가 가로막고 서쪽은 백제가 가로 막고 있어 더이상은 어떻게 운신을 할 수가 없었습니다.

'중원으로 가야해, 중원은 북으로도 통하고 한강을 이용하면 서해와 중국으로도 통하는 길인데...'

그러나 이 두 방향이 모두 막혀 있지요. 그러고는 국가의 발전이라는 것은 기대할 수가 없어요. 진흥왕은 늘 이점이 고민이었습니다.

**법흥왕**

신라의 23대왕으로 불교를 공인하여 나라의 기틀을 세웠습니다 법흥왕은 이어 율령을 반포하여 국가통치와 사회질서를 유지하기 위한 규범을 갖추었으며 후에 나타난 화랑제도 역시 이런 정신에서 나왔습니다.

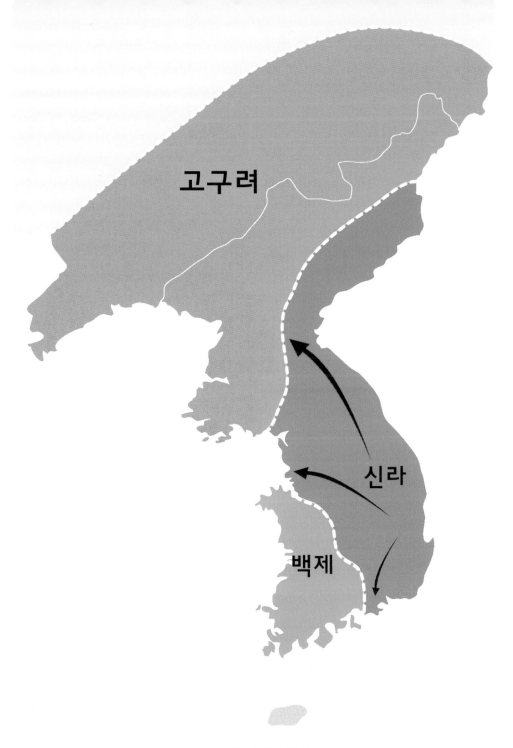

고구려

신라

백제

신라의 발전

위에서 내려다본 공주 공산성

그러던 차에 백제가 고구려의 공격을 받게 되자 백제는 신라에 도움을 요청하였습니다. 신라로서는 백제와는 동맹을 맺은 터라 지원을 할 수밖에 없는 형편입니다. 신라의 도움으로 백제는 고구려의 공격을 막을 수 있게 되자, 신라의 한 장수는 진흥왕에게 다음과 같이 건의를 합니다.

"지금 백제는 고구려와의 오랜 싸움으로 많이 약해져 있습니다. 그러니 이때 백제를 공격하여 신라는 서해와 북으로 진출할 수 있는 길을 터 놓는 것이 좋을 것 같습니다.그러므로 백제를 공격하는 것이 옳다고 생각합니다. 신라의 미래를 생각한 일입니다."

신라군이 백제를 쳐들어 온다는 소식에 깜짝 놀란 백제의 성왕은 당황하여 제대로 작전 한번 세워 반격해

진흥왕 순수비

보지도 못하고 한강 유역을 신라에게 내어 주고 말았습니다.그리고 신라의 진흥왕은 백제가 중원으로 오는 길목인 도살성과 금현성에 많은 군사를 주둔시켜 지키게 했습니다. 이듬해에는 신라의 거칠부가 고구려의 10여 개 군을 빼앗아 지금의 함흥과 마운령까지 영토를 넓혔습니다. 그러나 아직은 한강 유역을 차지하지 못한 신라의 진흥왕은 한강유역을 공격하고 마침내 이를 점령하였습니다. 이로써 신라는 한반도의 중심부를 차지하게 되어 백제와 고구려는 서로 교역을 할 수 없게 되었습니다.

진흥왕의 확장정책은 여기서 멈추지 않았습니다. 진흥왕 23년에는 이사부를 시켜 대가야를 정벌하게 하여, 신라는 마침내 건국 이래 최대의 강국이 되었습니다. 그리고 이를 기념하기 위해 북한산과 경남 창녕, 함경남도 함초령과 마운령에 신라의 영토임을 표시하는 진흥왕 순수비를 세웠습니다.

진흥왕은 영토의 확장만큼이나 그를 지키는 것도 중요함을 알고 있습니다. 그러기 위해서는 훌륭한 인재를 많이 배출해내는 일이 무엇보다 중요하다고 여겨 귀한 자제로서 건강한 생각을 가진 젊은 남녀들을 모아 넓은 들에 나가 훈련과 놀이를 통해 협동심, 자신감과 그리고 국가에 대한 애국심을 기르고 신라의 장래

고구려가 약해지니 신라가 강국으로 등장한 것이네요.

단양 신라적성비

에 대해 토론하면서 자연스럽게 넓은 세계관을 키우
도록 하였습니다. 이러한 협동 정신은 신라가 이후
삼국통일을 이루는데 큰 힘이 되었습니다.

안 가리(아라가야)고분

금동미륵보살

**화랑제도**

　화랑제도는 15세~18
세의 귀족 자제를 모아
일정기간(약3년) 단체
훈련과 행동을 통해 신
라의 발전을 위해 국가
관을 키우면서 장차 나
라를 위해 무엇을 할
것인 지를 토론하며 배
워 나가도록하는 제도
입니다.

# 김유신과 김춘추

김유신의 누이인 보희가 자다가 일어나 이상한 꿈에 다시 잠을 이루지 못하였다.

'괴이한 꿈이구나'

보희는 꿈에서 뒷산에 올라가 본 소변에 경주가 온통 잠겼던 것을 다시 생각해 봅니다. '아무리 꿈이라하지만....' 있을 수 없는 일이다. 보희는 아침이 되자마자 동생인 문희를 잡고 물어 보았습니다. 그 꿈 이야기를 들은 문희는 그에 대한 답은 없이 언니에게 그 꿈을 팔라고 졸랐습니다.

"얘는 묻는 말에는 대답은 않고 갑자기 꿈을 팔라니, 무슨 꿈을 어떻게 팔란 말이야. 사든 말든 네가 알아서 하렴."

"그래, 그럼 그 꿈은 언니가 내게 판거야."

한편 김유신은 왕족 출신인 김춘추가 언제인가 멀리서 한번 슬쩍 본 자신의 누이에 호감을 지니고 있음을 알고 있기에 김춘추를 집으로 데리고 왔지요.

"집에 잘 담가진 술이 있으니 같이 가서 한 잔 하는 게 어떻겠는가."

경주–김유신묘 정면

말을 달려 서라벌을 힘차게 달린 두 사람은 땀도 닦고 목도 축일겸 함께 김유신의 집으로 왔습니다.

김유신은 신라에 멸망한 금관 가야의 마지막 임금의 손자입니다. 그는 외모가 수려하고 성격이 쾌활하여 장부다웠으며 그래서 일찍이 화랑으로 뽑혀 산과 들로 무예를 닦고 기상을 높히러 다니다 우연히 김춘추를 만나게 되었습니다.

문무대왕릉

신무왕릉

삼국통일과 김춘추
김춘추는 신라의 29
대왕으로 태종무열왕이
라 부르며 진골로서는
처음으로 왕위에 올랐
습니다.

김춘추는 김유신보다 나이는 몇 살 어리나 신라 왕족의 한 계통인 진골 출신입니다.  신라는 그동안 성골로만 왕위를 이어왔기 때문에 김춘추가 현재로서는 신라의 왕이 될 가능성은  없었지요.

"아빠, 진골은 무엇이며 성골은 또 뭐예요?"

"신라의 왕은 처음에는 한 성씨였다가  중간에 두 성씨로 나뉘면서 성골로 계속 왕위를 이어왔지."

아빠는 다시 말을 이어갑니다.

"그러나 김춘추에 들어와 성골에 자손이 끊겨 진골로 이어지게 되었지."

혜린이는 '난 모르겠으니 그냥 통과해요.' 하는 태도입니다.

아빠의 이야기는 계속됩니다.

그렇게 만난 뒤로 김유신과 김춘주는 서로 마음이 통하였던 차라  서로 아껴주던 사이가 되었습니다. 한번은 산에 오르다 옷고름이 떨어지는 바람에,

"그리고 집에 가면 어르신께 꾸중 들을 수 있으니 우리집으로 가세."

황룡사지

집으로 온 두 사람은 김유신의 누이를 불러 김춘추의 옷고름을 꿰매게 했습니다. 이럴 때면 으레 문희가 나왔습니다. 이처럼 자연스럽게 가까워진 두 사람 사이에는 어느덧 아이가 생기게 되었습니다. 이 사실을 알게 된 김유신은, 문희를 온 마을이 떠들썩하게 야단을 쳤습니다. 이 사실은 소문이 되어 김춘추의 귀에까지 들어가게 되었습니다.

하루는 선덕여왕이 이웃으로 행차한다는 소식을 전해들은 김유신은 하인을 시켜 마당에 장작을 가득 쌓아 놓게 하고 문희를 그곳에 세워둔 뒤 불을 질렀습니다. 이 광경을 행차하던 선덕여왕이 멀리서 보고 신하에게 물었습니다. 신하는 사람을 보내 알아본 뒤 이 광경의 자초지종과 또 이웃에게 들은 것까지를 모두 사실 대로 선덕여왕께 고했습니다. 신하가 이 사실을 선덕여왕께 올리자, 수행하던 김유신이 선덕여왕 앞에 엎드려 사실임을 고합니다.

'어떻할 생각이냐?'

여왕의 노기는 스르르 녹아들면서 김춘추를 내려다 보

### 선덕대왕 신종

혜공왕이 서기 771년에 완공한 종으로 아버지 선덕왕(37대)의 공덕을 기리기 위해 만들어 선덕대왕 신종이라불렀으며,다른 한 이야기로는, 아기를 시주받아 넣어 만들었다는 설이 있어 아기의 울음 소리을 내었다하여 '에밀레종'이라고 부르기도 합니다.

선덕대왕 신종

첨성대

십니다. 그리고는 여왕은 사람을 김유신의 집으로 보내
"죄인을 용서할 테니 어서 화형을 중지시키도록 하라."
는 명을 내렸습니다. 이 사건을 계기로 김유신의 누이
문희는 김춘추의 아내가 되었습니다. 당시에는 서로 성
분이 다르면 혼인을 할 수 없었으나 김유신의 동생 문희
는 이렇게 하여 김춘추와 혼인하게 되었습니다.

이후 김춘추는 선덕여왕과 뒤를 이은 진덕여왕이 죽고
난 뒤 왕위를 물려받아 신라의 29대 왕이 되었지요. 아
직 김춘추가 왕위에 오르기 전, 진덕여왕 2년에 백제
는 다시 신라의 서쪽 변방을 쳐들어와 10여 개의 성을
점령했습니다. 그러자 김춘추는 여왕께 아룁니다.

"백제의 침공을 이대로 두면 앞으로 큰 화근이 될 수
있습니다. 이를 계기로 북에 있는 고구려가 침범해 온
다면 위태로워질 수 있습니다. 그러므로 당나라에 원
군을 청해 백제와 고구려를 침이 옳은 줄로 압니다."

이런 김춘추의 건의를 받아들인 진덕여왕은 그를 당
나라의 사신으로 보내 원군을 요청합니다. 당나라는
당시 수나라를 멸한 당나라가 고구려의 존재를 위태롭

게 여기고 있던 차에 김춘추의 요청을 받으니 오히려 반갑기도 하여 응락을 했습니다. 이 소식은 백제는 물론 고구려에까지 알려지고 두 나라는 곧 공격에 대한 준비에 돌입하지요.

경주 5릉

# 백제의 멸망

　신라는 진덕여왕이 8년이라는 짧은 기간으로 물러나
자 김춘추가 왕위에 올랐으니 그가 곧 29대 태종무열
왕입니다.

　이후 당나라 고종은 소정방에게 13만이란 대군을 주
어 백제를 쳐들어 갔습니다. 이와 더불어 신라는 김유

몽촌토성

신으로 하여금 5만의 군사로 백제를 향해 서쪽으로 쳐들어 갔습니다.

"잠깐만이요."

혜린이가 아빠의 설명을 멈추게 합니다.

"그 정도면 군사의 수가 많은 것인가요."

"동쪽으로 5만, 서쪽으로 13만이면 많은 수지. 특히 한쪽 방향으로 적이 침공해 오는 것과는 큰 차이가 있지."

서해로 온 당나라 군사는 인천 앞바다에 상륙해서 기벌포를 걸쳐 백마강으로, 김유신이 이끄는 신라군은 황산벌을 향해 진격을 시작했지요. 그러나 이때 백제

백제는 그처럼 문화가 찬란했던 나라가 그렇게 쉽게 무너져요?

고란사

군은 이를 막을 힘이 없었어요. 군사력으로도 부족했지만 그보다 의자왕의 사치와 부패로 충신은 감옥으로 보내고 무능한 신하만 가까이 거느리고 있는 의자왕으로서는 적을 막아줄 수 있는 충신이 없었습니다. 당시 계백과 같은 훌륭한 장수가 있기는 하지만 그가 단신으로 맞설 전쟁이 아니었지요. 당군은 기벌포를 그냥 지나 백마강에 들어 섰고, 동쪽에서 침입해오는 신라의 김유신은 벌써 황산벌에서 진을 치고 있었습니다. 백제는 그야말로 바람 앞의 등불입니다.

'나당 연합군이 부여성을 포위하였데.'

백성들의 피란 행렬은 갈팡질팡했습니다.

집으로 돌아온 계백장군은 침착했습니다. 장군은 가

궁남지

족을 모두 불러모았습니다. 분위기를 짐작한 가족은 이미 모든 것을 각오한 듯 숙연했습니다.

"오늘 나는 황산벌로 나가 신라군과 맞서 싸울 것이다. 이것이 백제가 내게 준 마지막 기회다. 그리고 내 가족은 나와 함께 갈 것이다. 내가 가족을 먼저 보내고 곧 뒤따라 갈 것이다."

계백은 말을 마치고 가족의 목을 벤 뒤 신라군이 진을 치고 있는 황산벌로 달렸습니다.

계백장군 묘

전쟁터는 시끄러운 가운데 냉랭한 듯했습니다. 계백은 신라군을 둘러 보았습니다. 멀리서 바람 모래를 일으키며 달려오는 병사 하나가 있었습니다. 어린 신라 병사였습니다. 그 병사는 백제군을 향해 왔습니다. 말을 탄 자세도, 창을 든 모습도 모두 서툴렀으나 목소리 하나는 힘이 넘쳤습니다. 계백이 보기에 꼭 아이들 병정놀이 하는 것처럼 보였습니다. 달려온 어린 병사는 곧 백제군에 잡혔습니다. 계백은 어처구니 없다는 생각 뿐입니다. '이 목숨이 오가는 전쟁터에 ...'

백제가 망한 것은 화랑관창 같은 신라인의 정신이 없어서 인가요?

낙화암

죽주산성

계백은 철없이 죽여 달라고 조른 어린 병사를 사정하듯 돌려보냈습니다. 그러자 그 철없는 어린 병사는 다시 창을 겨누며 백제군에 향해 달려들다 백제군에 포로가 되어 끌려왔습니다. 계백은 '신라는 저런 어린 병사의 애국심 때문에도 오래도록 이 땅에 남을 것 같다는 생각을 하면서 부하에게 명령합니다.

"목숨보다 나라의 명예를 위해서인 듯하구나. 죽은 시신은 말에 태워 보내줘라."

'신라가 저토록 위대한 생각을 가진 사람들로 가득하다면 어느 나라가 그를 넘볼 수 있겠나.'

계백장군은 불과 5천의 군사로 5만의 신라군과 맞서 싸우다 장렬한 전사를 했습니다. 나당 연합군은 사비성을 공격했습니다.

백제의 의자왕은 웅진성으로 피신했다가 나당 연합군이 포위하자 성문을 열고 나와 항복하였습니다.

이로서 백제는 의자왕 20년인 서기 660년 7월에 패망하였고 백제가 건국한 지 678년 만입니다.

공주 공산성

# 고구려와 수당과의 전쟁

중국에서 수나라와 당나라가 일어난 6세기 후반에, 아직도 중국의 북쪽 지역에는 돌궐이, 그리고 북동쪽에는 고구려가 돌궐과 손잡고 강력한 세력으로 수나라의 북으로의 진출을 막고 있었습니다.

중국 대륙을 통일한 수나라는 그 위세로 북쪽에 있는 이들 나라를 굴복시켜 후환을 뿌리 뽑으려 했지요. 수나라는 고구려를 공격하기 위해 많은 군사를 양성하고 있었어요. 이 소식을 들은 고구려의 영양왕은 수나라의 요동지방을 선제 공격했어요. 아직 전쟁 준비가 덜 된 수나라 군사를 공격하는 것이 뒤에 수나라의 공격을 방어하는 것보다 효과가 클 것이고 또 공격을 미리 봉쇄한다면 다시 공격할 여력도 잃게 될 것이기 때문이지요. 그러자 수나라 문제는 30만 대군을 이끌고 고구려를 쳐들어 왔어요. 그러나 고구려의 방어는 완강했고 마침 장마와 전

장평산성

염병까지 온데다 병사들은 공격이 지지부진하자 군량미까지 부족해지면서 그만 철군하고 말았습니다. 수나라는 문제에 이어 양제가 왕위에 오르자 다시 전쟁 준비를 하여 113만이나 되는 엄청난 군사를 이끌고 다시 고구려를 쳐들어 왔습니다.

수나라는 이번에는 육군과 수군 둘로 나누어 공격해 왔습니다. 육군은 고구려의 요동성을 공격했으나 함락시키지 못하였고 수군은 서해를 지나 평양성을 공격했으나 모두 실패하자 수양제는 30만으로 별동대를 만들어 직접 압록강으로 공격해 왔습니다.

아차산성

# 을지문덕장군의 대첩

압록강을 지키고 있던 을지문덕 장군은 고구려군에게 싸우는 시늉만하다 후퇴하라고 시켜 평양성 부근까지 후퇴하였습니다. 계속되는 진격에 오히려 지친 수군은 배고픔과 피로로 더 이상의 전투력을 유지하지 못하고 양제는 후퇴를 명령하고 말았습니다. 후퇴하는 수나라 군사가 살수를 반쯤 건넜을 때 을지문덕 장군은 살수 중턱에 막았던 물길을 한꺼번에 터트리니 갇혔던 물은 홍수처럼 쏟아졌습니다.

후퇴하던 수군은 사나운 물길을 맞아 거의 모두가 수장되고 살아 돌아간 병사의 수는 3천이 못되었다고 합니다.

이처럼 두 번의 침략이 큰 피해만 남기고 실패하니 수나라는 국력의 손실이 커, 서기 618년에 망하고 그 자리에 당나라가 세워지게 되었습니다.

이 시기에 고구려에는 정변이 일어나 연개소문이 영

**을지문덕과 양만춘**
고구려는 을지문덕과 양만춘과 같은 명장이 있어 중국의 수나라와 당나라가 쳐들어 왔을 때도 잘 막아냈습니다.

나당 연합군의 공격도

환도산성

류왕을 죽이고 보장왕을 왕위에 앉힌 뒤 스스로 막리지가 되었습니다. 따라서 보장왕은 사실상 허수아비 임금이 되었습니다.

당나라의 태종은 수나라가 두 번의 대대적인 공격에도 끄떡하지 않은 고구려를 잘 알고 있었습니다. 그렇기 때문에 더욱더 고구려의 존재가 눈엣가시지요. 당나라는 처음에는 고구려에게 당에 들어와 조공을 드리라고 압박하다 말을 듣지 않자 고구려를 침범할 준비를 했어요. 고구려도 이런 당의 태도에 불만을 갖고 요동의 국경주변에 있는 성들을 수리했습니다. 이렇게 두 나라에 전운이 돌자 마침내 당태종 이세민은 당나라의 대군을 이끌고 고구려를 쳐들어 갔습니다.

당나라의 10만 대군은 단숨에 개모성과 요동성을 점령하고 고구려 깊이 쳐들어 올 기세였습니다. 그런데 당군이 압록강으로 가기 위해서는 반드시 지나야 하는 곳이 있습니다. 고구려군은 이곳 안시성에 보급품과 병력을 집중시켜 당의 이세민이 이끄는 군사를 기다리고 있었습니다. 당나라 군사는 안시성을 포위하고 맹

평양성 북성 전금문

렬한 공격을 했지만 안시성의 성주 양만춘은 백성과 함께 당나라 군사를 철저히 막아내었습니다. 9월이 지나자 찬바람이 불고 군사는 지쳤으며 군량미가 떨어져 가자 당군은 포위를 풀고 당나라로 돌아갔습니다.그뒤에도 당나라는 고구려 정벌의 미련을 버리지 못하고 네 차례나 더 침공을 했으나 성공을 하지 못했습니다.

# 고구려의 멸망

이런 때에 **당나라는 신라의 연합**을 제안 받고 백제를 먼저 공격하여 멸망시킨 후에 고구려 공격을 감행했습니다.

**나당 연합군은** 8월에 고구려의 평양성을 공격하였습니다. 그러나 고구려는 백제와는 달랐습니다. 성은 견고하고 군사들의 방어는 요지부동이었습니다. 가을에 시작한 공격은 겨울이 되도 성과가 없었습니다. 겨울이 깊어가면서 북쪽에서 불어오는 바람은 더욱 매서웠습니다. 게다가 군량미도 떨어져가고 병사들의 사상이 늘자 소정방은 당나라 고종에게 철군을 요청하였으나 지원군이 출발했다는 전갈만 할 뿐 허락하지 않았습니다. 그리고 지원군이 압록강에 이르렀으나 고구려군에 의해 저지되어 한발자국도 강을 건너지 못하고 있을 때 **소정방에게는** 김유신의 군사와 함께

> **안시성 전투**
> 안시성 전투는 수나라를 멸한 당나라의 태종이 고구려를 침입한 전투로 안시성을 지키고 있던 양만춘이 이끄는 고구려군에 의해 패하였습니다.

형제의 싸움이 그 강한 고구려도 멸망할 수 있네요.

본국에서 보낸 군량미가 도착하였습니다. 나당 연합군은 힘을 합쳐 다시 공격하였으나 평양성은 꼼짝도 하지 않았습니다. 절대 난공불락의 성으로 여겨졌던 고구려에 붕괴의 조짐은 안에서 생기기 시작하였습니다. 막강한 권력을 보이던 연개소문이 죽고 아들 삼형제는 서로 권력을 독차지 하려는 욕심으로 다투다가 큰형 남생은 당나라로, 남은 두 동생은 신라로 피신을 하니

불타는 평양성

마침내 성문은 열려 나당 연합군에 의해 **평양성은 불타고** 서기 668년 9월 멸망하였습니다. 이로서 705년동안 만주 대륙을 지켜오던 고구려는 역사의 뒤안길로 사라지게 되었지요.

아빠의 이야기가 끝나도 혜린이는 아직도 불타는 평양성에서 헤어나오지 못하는 성싶습니다.

흙 먼지가 자욱해요 분위기도 살벌하고. 갑자기 사람들에게서 살기도 느껴져요.

평양의 을밀대

신라

통일신라

"아빠, 너무 슬퍼요. 왜 고구려의 마지막 장면이 이렇게 마음을 슬프게 하지요.?"

"북쪽에서 강건하게 지켜오던 우리민족이 비록 신라와의 연합군이라고 하나 당군에게 패망하는 모습을 보니 왜 슬프지 않겠니?"

"그럼 아빠도 저처럼 슬프세요?"

"고구려가 망한 뒤 그 땅에 발해가 일어났다고는 하나 순수한 우리민족이라기보다 말갈족과 함께 세운 나라이며, 그 발해가 망한 뒤로는 만주 땅은 영원히 우리민족이 되찾은 일이 없으니 더욱 슬픈 생각이 들지."

"그러니 역사적으로 보면 한반도에 삼국이 세워져 다투다가 신라에 의해 하나로 통일이 되었으니 의의 있다고는 볼 수 있지.이제부터 한반도는 잠시 삼국으로 분열되기는 하나 곧 통일된 국가로 정리 되었다가 미래를 향해 발전해 가지."

서기 668년에 고구려가 멸망한 뒤에도 고구려의 유민은 10여 년동안 당나라에 항거하며 제기의 노력을 하였지요.

"아빠, 유민이란 무엇을 말하나요?"

"응, 유민이란 나라를 잃은 백성을 말하는데, 옛날에는 지금과 달리 나라가 망하면 백성들은 대개 전쟁에 이긴 나라의 노예로 잡혀가거나 죽임을 당하게 되지.

지금처럼 포로니 인권이니 하는 것은 없지. 아무도 그들의 어떤 것을 보호해주는 일이란 없어."

평양성 칠성문

99

# 제4장
# 남북.후삼국시대

발해의 건국

발해의 멸망

후삼국 시대

후삼국의 통합

신라의 최후

# 발해의 건국

고구려가 망하고 고구려 유민들이 대조영의 밑으로 모여들면서 대조영은 만주의 영주에 모여든 고구려인과 말갈인을 모아 거란에 항거하면서 세력을 넓혔습니다. 대조영이 지도자가 되어 이들을 이끌고 고구려의 옛땅인 송화강 부근의 동묘산에 성을 쌓고 진국이라는 나라를 세웠지요. 이때가 고구려가 멸망한 지 30년이 지난 뒤입니다,

발해의 불상

영토를 넓힌 대조영은 나라 이름을 발해로 고치고 (713년) 스스로 왕이 되니 이가 곧 발해의 건국 시조인 대조영이지요.

발해가 세력을 넓히자 당나라 현종은 사신을 보내 화해를 청하며 대조영을 '발해의 군왕' 이라고 불러주었습니다.

대조영이 죽고 그의 아들인 무왕이 왕위에 올라 더욱 영토를 넓혀 나가자 이에 위협을 느낀 당나라와 신라

는 흑룡강가에 거주하던 흑수말갈과 연합하여 쳐들어 왔습니다. 그러나 발해는 돌궐과 일본에 구원을 청해 이를 물리쳤지요.

"아빠, 어떻게 만주에 있다는 돌궐이 바다 멀리에 있는 일본과 한 편이 되어 싸울 수가 있어요?"

"그래, 그게 이상하긴 하지? 그것은 일본이 신라의 다른 영토를 침입하면 신라는 두 곳의 전장에서 싸움을 해 나가기 어려우므로 자연히 먼저 일으켰던 전장에서 철수할 수밖에 없도록 만드는 작전이지."

"그렇겠네요."

아빠는 이야기를 계속합니다. 그 후 이들은 다시 발해를 침범하는 일이 없었습니다. 뿐만 아니라 발해는 서남지역에서 공격해 오는 당나라를 산동반도에서 격퇴하니, 이 두 나라는 이후 서로 싸우지 않고 평화를 유지하고 지냈습니다. 그러나 발해는 고구려를 계승했다는 이념으로 신라와는 계속 적대적인 관계를 가져왔습니다. 이후 발해는 연해주와 요동지방의 대부분을 차지한 뒤 이웃 나라들과 교역을 하여 나라는 부강해

동모산

동모산
발해의 첫 수도였으며 대조영이 자신을 따르는 무리를 이끌고 동쪽의 계루부가 있던 땅을 차지하여 동모산을 근거지로 삼아 성을 쌓고 발해를 건국하였습니다.

발해와 신라

직도 백성들은 생활이 넉넉해졌습니다. 그리하여 발해는 9세기 초 10대 선왕에 이르러서는 최대의 전성기를 누려 안으로 정치를 안정시키고 밖으로는 영토를 넓혀 고구려의 옛땅이었던 흑룡강과 동쪽은 동해바다, 서쪽은 거란과 국경이 맞닿으며 남쪽은 신라와 국경을 마주하는 큰 나라가 되어 중국으로부터 '해동성국'이라는 칭호를 받기도 하였습니다.

# 발해의 멸망

강성했던 발해가 갑자기 멸망하게 되었는데 이는 동몽골에 자리잡은 유목민족인 거란의 야율아보기가 힘이 강성해지자 중국을 점령하기 위해 그 배후에 있을 발해를 두려워하여 먼저 공격하게 되었습니다. 그 공격에 견디지 못하고 발해는 급격히 약해졌다가 14대 애왕 때 마침내 멸망하게 되었으니 건국한 지 228년이며, 서기 926년이지요

"아빠, 잠깐만이요, 그게 좀 이상한데요. 발해가 당시 교역으로 강성해 졌다고 하셨잖아요. 거란이라는 나라가, 발해가 후환이 될 수 있다고 공격하면 그렇게 쉽게 멸망할 수 있나요?"

"그게 좀 쉽게 이해가 되지 않지? 학자들 사이에는 발해의 멸망 원인에 대해 이런 저런 주장이 있지. 이에 대한 이야기는 뒤에 기회가 있으면 다시 하자. "

"······"

## 발해의 멸망설

발해는 북쪽에서 강건하게 세력을 키워왔던 나라입니다. 그런 나라가 갑자기 멸망한 데에는 학자들도 근거를 찾기 어려웠던 모양입니다. 그런 가운데 백두산의 화산 폭발을 들기도 합니다.

아빠는 잠시 생각하다 말을 이어갑니다.

"북쪽에 있는 유목민들은 중국을 침략할 때 그 배후의 작은 나라부터 공격하여 자신의 지배하에 두거나 또는 아주 멸하거나의 방법을 많이 쓰지."

"……"

"유목민이란 아주 다루기 어려운 나라이긴 하지. 첫째 기마 민족이라 말타기에 능하여 기동력이 좋고, 둘째 말 위에서도 칼싸움과 활쏘기 등 전투에 강한 면모가 있으며 활동 범위도 광범위하지요."

아빠는 이야기를 계속합니다. 유목민이 일으킨 국가는 공격하는 국가가 볼 때 중심이 분명하게 드러나지도 않고 또 공격하면 넓은 초원의 여러 방향으로 흩어져 공격의 촛점을 흐려놓거나, 또는 초원을 건너 북쪽 끝의 험한 산속으로 숨어버립니다. 그랬다가는 다시 세력을 모아 바람 같이 쳐들어오는, 마치 대규모의 마적단 같은 나라이므로 문명국가로는 대처하기가 매우 까다로운 부족국가이지요. 그러므로 그들의 세력이 약했을 때는 무시될 수 있으나 세력이 거대해지면 감

**돌궐족**
6세기경 몽골 고원을 중심으로 약 200여 년간 활동을 했던 민족으로 한때 중국 북부를 지배했었으나 내분으로 당나라 초기 갑자기 사라졌습니다.

발해

고려

신라

후백제

전성기의 발해

당하기 어려운 국가가 되지요. 이런 기마민족의 공격을 집요하게 받게 된다면 국력은 약해질 수밖에 없지. 이렇게 약해진 발해는 14대 애왕 때 마침내 멸망하게 되었으니 건국한 지 228년이며, 서기 926년이지요. 발해가 이렇게 멸망했으나 그 문화는 아주 발달되었습니다. 발해는 고구려의 유민과 말갈족이 세운 나라이므로 고구려의 문화를 살려 발전시켰습니다. 발해가 멸망하자 그 유민의 일부는 고려로 유입되어 고려인으로서 살아 갔습니다.

# 후삼국 시대

신라가 삼국을 통일한 뒤 백여 년동안 영토는 넓어지고 백성들 생활은 살기 좋은 태평성대가 되었습니다. 이런 신라에 먹구름이 드리우기 시작한 것은 진골의 권력 다툼에서부터지요. 왕위 계승이 성골에서 진골로 이어진 후 왕족은 권력을 더 가지려는 다툼을 벌이고 따라서 왕은 자주 바뀌며 또 일부 진골은 반란을 일으키니, 왕권은 급격히 약해졌습니다.

나라의 왕이나 그 친족들이 백성의 생활을 바로 살피지 않고 오히려 그들의 재산을 갈취하려 하니 백성들의 생활은 갈수록 어려워지고 그들의 마음은 왕과 귀족들로부터 점점 멀어지게 되지요.

"아빠, 처음에는 그러지 않았잖아요?"

"물론이지. 진골로 처음 왕위에 오른 이는 태종무열왕, 김춘추이지. 그는 백제와 고구려를 멸하여 삼국을 통일한 명장이며 훌륭한 왕이지."

청해진 유적

신라가 왜 이렇게 되었지요? 화랑도 정신과 그 시퍼런 기강은 어디 가고요

아빠는 이야기를 계속합니다. 그런데 신라의 태평세월이 200여 년간 흐르면서 삼국을 통일했던 그 기강은 무너지고, 심지어 51대 왕위에 오른 진성여왕은 정사는 팽개치고 젊은 화랑들과 어울려 술과 가무로 시간을 허비하는동안 나라의 재정은 나날이 어려워지게 되었지요. 왕족들의 다툼은 점점 심해져 왕위는 자주 바뀌어 49대 헌강왕에서 신라의 마지막 임금까지 약 40여 년동안 8명의 임금이 바뀌는 일이 생기지요.

불국사

감은사지

나라의 재정이 어려워지니 관리는 나라 살림을 위해 세금을 무리하게 더 거둬들이고, 따라서 백성의 삶은 파탄 직전이지요. 일부 호족들은 중앙정부의 무기력한 틈을 타 강제로 농민들의 토지를 빼앗고 힘 없는 농민들을 노예처럼 부리는 등의 폭압이 행해졌으며, 살기 어려워진 백성들은 이제 사방에서 봉기하고, 그 봉기는 차츰 조직적으로 일어나 사벌주(상주)에서는 농민인 원종과 애노가 난을 일으켰습니다.

이처럼 사회가 혼란스러워지고 왕권이 약해지자 호족들은 자신의 세력을 넓혀 갔습니다.

**문무대왕과 감은사지**
감은사 터에는 동탑과 서탑이 있으며 아들 문무왕이 아버지 무열왕의 삼국통일의 기초를 마련하여 마침내 통일하게 된 데에 대한 감사의 뜻으로 세웠다고 합니다.

첨성대

죽주산성

"아빠, 호족은 무엇이죠?"

"그래, 보통은 호족이란 중앙정부의 힘이 미치지 못하는 지역의 토착 주민이 토지와 곡식 등 재산을 축적하여 주위에 권력을 행사하는 사람을 말하지."

"그런 호족이 세력을 넓힌다는 것은 무엇을 말하나요?"

"신라 말기의 호족은 보통 말하는 '지방토착세력'의 범위를 넘어 일부 군사력도 갖추고, 또는 그 지역에 성까지 쌓아 실제의 전투력을 지니고 있는 세력을 말하지."

완도 청해진유적

선덕여왕릉

아빠는 설명을 계속합니다. 그런 호족들은 각자 세력을 넓혀 가면서 서로 싸우고 통합하여 더 큰 규모의 호족으로 키우다가 마침내 국가 규모로 발전시키기도 하였습니다. 그 중에서도 견훤은 무진주(광주)에서 일어나서 세력을 키운 뒤 완산주를 점령하고 그곳을 도읍으로 정한 뒤 나라 이름을 '백제(900년)'라고 하였습니다.

한편 강원도에서는 궁예가 일어나 세력을 넓혀 나가다 송도로 옮겨 그곳을 도읍으로 정하고 나라 이름을 고구려라고 불렀습니다.

**장보고와 청해진**
장보고가 완도 앞바다에 해상 기지를 만들어 중국의 해적행위를 막고, 일본과 중국 사이의 무역권을 독점하고 신라의 해상진출을 발전시켰습니다.

석가탑

삼국사기-궁예편

그런데 궁예에게는 몇 가지 이야기가 떠돌아 다녔습니다. 그는 진골의 후손이라는 소문이 있으며. 궁예가 태어나는 날 궁중을 드나드는 점쟁이가 신하에게 고하였습니다. '오늘 태어나는 아기는 후에 나라에 재앙이 될 것입니다.' 하는 말을 들은 신하는 곧 임금에게 고하였고 임금은 그 아이를 찾아 없애라고 지시했습니다. 이런 지시를 받은 신하는 차마 아이를 죽이지는 못하고 밖으로 던지려 한다는 것을 미리 눈치챈 유모가 얼른 받아 안아 뒷문으로 달아났습니다. 이때 궁예를

석굴암 내부

112

받아 안은 유모의 손가락이 그만 아기의 눈을 찔러 한 쪽 눈이 실명하였다고 합니다.

이후 궁예는 목숨을 보존하기 위해 절에 들어가 지내다 철원에 있는 양길의 수하로 들어 갔고, 이후 힘을 키운 뒤 독립하여 송악으로 와 그곳에 도읍을 정하고 나라 이름을 고구려라 했습니다(901). 궁예는 처음에는 선정을 베풀어 많은 백성들이 모여들었고 부근에 있던 작은 힘을 지닌 장수들도 모여 그를 성심껏 따랐습니다. 궁예는 힘이 커지자 궁궐을 다시 넓은 철원으로 옮기고 궁궐을 확장하는 등의 호화스런 생활을 하니 일부 부하들은 그에게 등을 돌리기 시작하였습니다. 부하 장수들의 이런 반왕건적인 행동에도 아랑곳하지 않고 궁예의 사치스런 행동이 계속되자 신승겸, 복지겸 등 장수가 반란을 일으켜 결국 궁예를 몰아내고 신망이 두터운 왕건을 왕으로 추대하였습니다(918년). 왕위에 오른 왕건은 나라 이름을 고려로 고치고 도읍을 송악으로 옮겼습니다. 이렇게 하여 다시 한반도는 삼국시대로 접어들었습니다.

남 연변의 궁예묘

# 후백제의 멸망

송악에서 왕건이 세운 나라가 영토를 넓히고 또 세력이 강성해지자 위험을 느낀 견훤은 즉시 고구려를 쳐 들어가려 하자 그의 동생 능애가 이를 말립니다.

"고려는 이제 나라를 세워 아직 기틀이 튼튼하지는 못하나, 장수와 병사들의 사기는 하늘을 찌를 듯합니다. 그러므로 신라를 먼저 치고 다음에 고려를 치심이

상주-견훤산성

발해

후고구려

후백제

신라

후삼국시대

함안가리 고분묘

옳은 듯합니다."

그 말에 일리가 있다고 여긴 견훤은 곧 신라를 쳐들어가 대야성을 함락시키고 경주로 향했습니다. 이 소식을 들은 경명왕은 어쩔 줄을 몰라했습니다. 한 신하가 나서서 아룁니다.

"신이 고려로 가겠습니다. 가서 구원을 청하겠습니다."
경명왕은 그를 당장 송도로 보냈습니다.

신라의 지원 요청을 받은 왕건은 즉시 신승겸으로 하여금 나가서 백제군의 신라 침공을 막도록 하였습니다. 신승겸은 고려의 기병 15,000명을 이끌고 내려가 견훤의 군사를 물리쳤습니다. 경주를 저 앞에 두고 뒤돌아선 견훤은 억울했습니다. 분을 참지 못한 견훤은 이번에는 고려를 침공했습니다. 두 나라 군사는 고려의 조물성에서 충돌했으나 승패는 쉽게 나지 않고 시간만 끌다가 화친을 맺고 후퇴하였습니다.

마음이 조급해진 견훤은 927년에 다시 신라를 침공했습니다. 경애왕은 놀라 급히 고려에 지원군을 요청하였습니다. 그러나 고려의 지원군이 오기 전에 백제

다보탑

군이 먼저 도착하여 지원군만을 기다리고 있는 신라의 경애왕은 견훤의 발 아래 꿇어 앉았습니다. 그리고 견훤은 그에게 자결을 권하였으나, 견훤은 고려의 지원군이 경주로 오고 있음을 알고 있기에 백제로 회군하였습니다. 모든 것이 고려 때문에 마무리를 짓지 못함을 안타깝게 여겼지만, 아직은 때가 아니라고 여겼습니다.

금산사

포석정

경주오릉

이후 백제와 고려는 몇 차례 더 충돌을 했으나 번번이 백제는 패하고, 어느덧 견훤은 나이가 들어 왕위를 둘째 부인의 소생인 금강에게 물려주려하자 첫째 부인의 소생인 신검이 아버지 견훤을 금산사에 감금하고 금강을 죽이는 일이 벌어졌습니다. 이에 격분한 견훤은 몰래 금산사를 빠져나와 송악의 왕건에게 몸을 의탁하게 되었습니다. 왕건은 견훤에게 양주 땅을 식읍으로 주고 여생을 편히 살도록 하였으나 견훤은 왕건이 내준 양주의 식읍을 버리고 황산에 있는 한 절로 들어가 여생을 마쳤다 합니다.

견훤이 고려에 투항하자 신검이 이끄는 백제는 흔들리기 시작하였습니다. 신검이 아버지를 밀어내고 스스로 임금이 되었다 하여 장수들도 그를 잘

왕건릉

따르지 않고 있습니다. 그 때 견훤의 사위인 박영규가 고려로 투항해 와서 하는 말이,

"백제는 지금 내분을 겪고 있습니다. 견훤의 충신이었던 신하들은 하나 둘씩 떠나고 신검의 곁에는 간신들로 채워져 있습니다. 그러니 자연 백성들이 안정을 할 수가 없는 형편입니다."

박영규의 말을 들은 왕건은 친히 10만의 군사를 이끌고 백제의 정벌에 나섰습니다. 고려의 왕건이 친히 대군을 이끌고 온다는 소문에 백제의 장수들은 혼비백산하여 달아나버렸습니다. 몇몇 장수는 칼과 창을 버리고 왕건에게 투항했습니다.

"신검은 어디 있느냐?"

"도주히는 백제군의 맨 앞에 있습니다."

마침내 신검은 두 동생과 함께 붙잡혀 왔습니다. 왕건은 신검을 비롯하여 그 측근을 처단하니 백제는 936년에 멸망하였습다.

# 신라의 최후

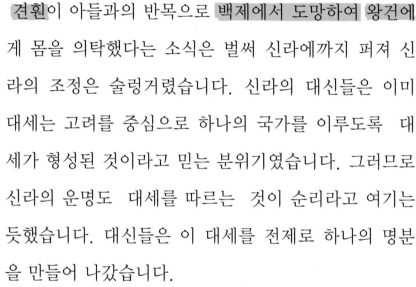

견훤이 아들과의 반목으로 백제에서 도망하여 왕건에게 몸을 의탁했다는 소식은 벌써 신라에까지 퍼져 신라의 조정은 술렁거렸습니다. 신라의 대신들은 이미 대세는 고려를 중심으로 하나의 국가를 이루도록 대세가 형성된 것이라고 믿는 분위기였습니다. 그러므로 신라의 운명도 대세를 따르는 것이 순리라고 여기는 듯했습니다. 대신들은 이 대세를 전제로 하나의 명분을 만들어 나갔습니다.

'우리는 고려에 맞설 힘은커녕 스스로를 지탱하기조차 어려운 처지이므로, 백성의 희생을 막기 위해서라도 고려에 나라를 넘기는 것이 옳은 듯합니다.'

이에 피를 토하듯 말리는 사람이 있으니 바로 태자였습니다.

"아니되옵니다. 어찌 싸움 한 번 해 보지도 않고 나라의 사직을 이렇게 그냥 들어다 바친단 말입니까. 이

용문사 은행나무

120

금강산

마의태자 이야기

마의태자는 신라 마지막 왕인 경순왕의 아들로 신라가 망하자 궁궐을 떠나 금강산으로 들어가 평생을 불심에 의존하며 살았다고 합니다. 또 가는 길에 용문사에 들러 지니고 가던 지팡이를 질당 앞에 꽂고 갔더니 거목으로 자라 지금껏 살아 있다는 전설이 있으며 평생을 마의를 입고 지내 마의 태자라고도 한답니다.

땅에서 다른 많은 나라들을 통합하고 그 험한 고비를 넘기면서 천 년의 사직을 지켜온 신라이옵니다. 절대로 아니되옵니다."

하는 강경하고도 절규 같은 태자의 말에 대신들은 주춤하며 뒤로 한 걸음 물려섭니다. 그리고 누구도 감히 나서지 못합니다. 얼음 같은 침묵이 한동안 흐릅니다. 그 침묵을 왕이 깨며 태자를 일으켜 세웁니다.

"태자의 심정, 누군들 알지 못하겠는가. 그러나 누구 하나 나가서 고려와 맞설 사람이 없지 않은가. 그게 어디 나라에 대한 충정만으로 될 일인가. 운명이라고 여길 수밖에 없다고 여기게 태자."

경순왕은 잠시 몸을 흔들 듯 멈추었다가는 서서히 태자를 놓고 궁 안으로 사라집니다. 이후 신라의 대신들은 신라의 옥쇄를 고려의 왕건에게 바치니, 신라는 57년에 경주를 도읍으로, 한 번도 옮긴 일 없이 천 년을 지

켜왔던 나라가 서기 935년 56대 왕을 끝으로 역사 속으로 사라졌습니다. 이후 왕건은 신라의 마지막 왕인 경순왕을 끝까지 신라 왕으로서의 예를 다하고 경주를 식읍으로 내주어 편히 쉴 수 있도록 배려를 다했다고 하며, 태자는 금강산으로 들어가 생을 마치면서 나라를 지키지 못한 죄인이라 하여 죽을 때까지 삼배옷을 입었다고 합니다.

"아빠, 잠깐만요. 왜 삼베옷을 입고 살지요?"

"삼베옷은 우리 조상들이 부모님이 돌아가시면 자손의 도를 다하지 못한 죄인임을 자처하고 일정기간 삼베옷을 입는 풍습이 있었고 그 풍습은 지금도 전해 내려오지."

"신라의 끝이 슬프네요."

"어느 나라든 망하는 모습을 보면 슬프지 않은 나라가 없지만 특히 신라는 이 땅을 천 년이나 지켜온 나라이며 그동안 많은 전쟁을 승리로 이끌어 온 나라가, 너무 무기력하게 나라를 내어주는 모습을 보니 애석한 마음이 드는 것이야 당연하겠지."

경주월성 표지석

# 제5장

# 고려

1.고려의 건국

2.거란의 1.2.3차 침입

3.무신의 반란

4.몽골의 1,2,3.4차 침입

5.위화도 회군

# 고려의 건국

삼국유사

　왕건이 염원하던 삼국은 통일되었지만 고려 사회는 아직 안정되지 못하고 있습니다. 그것은 삼국에 뿌리 깊게 자리잡고 있던 호족들의 세력이 만만치가 않기 때문입니다. 호족들은 삼국이 한반도에 서로 땅을 나눠갖고 일부 국가는 지방에서 일어나는 호족들을 적절히 통제하지 못하게 되니 자연 그들의 세력은 커질 수밖에 없지요.

　이렇게 커진 호족들은 삼국이 고려로 통일된 뒤에도 자신들이 쌓아놓은 세력을 내려놓으려 하지 않지요. 이 때문에 고려가 원활한 통일국가로서의 기능을 할 수가 없습니다. 이런 장애는 새로운 제도를 실행해 나갈 때도, 재정을 확충하기 위해 세금을 부과할 때도 장애가 되지만, 또 언제 역심을 품고 적으로 돌아설지도 몰라 왕건이 고민하고 있을 때 한 신하가 방법을 건의 해

삼한통보

왔습니다. '호족의 딸을 개경으로 불러 놓으십시오.' 이른바 '혼인정책'입니다. 그것은 호족의 딸과 혼인을 하여 사돈관계를 맺으면 그들의 세력이 달리 이반되는 것을 막을 수 있다는 것입니다.

"아빠, 혼인정책이 무엇인지 잘 모르겠어요."

"자신이 두려워하거나, 또는 껄끄러운 상대국과 원만한 관계를 위해 딸을 주어 혼인 관계를 맺는 방식이지."

"……?"

"자신의 딸을 상대에게 맡기는 일종의 인질 결혼 같은 것이라고 볼 수도 있는데, 옛날 국가에서는 이런 방식을 많이 활용해 왔어. 내 자식을 상대국에 맡기니, 나를 믿어 달라는 증표처럼 제시한 것이지."

이런 혼인정책으로 당분간은 국내 정치에 몰두할 수 있었지요. 왕건은 고려의 국시라 할 수 있는 세 가지 큰 정책을 내 놓았지요. 첫째는 북진정책입니다. 그것

126

**숭불정책**

태조 왕건은 삼국 모두 불교를 국교로 삼아 왔으므로 고려 역시 불교를 국교로 삼음이 온당하다고 여겨 국교로 삼았으나, 고려 후기로 들어오면서 불교의 여러 패악이 들어나 사회를 혼란스럽게 하였습니다.

은 옛 고구려가 지배했던 북쪽의 영토를 되찾는 것입니다. 둘째는 융화정책입니다. 앞서도 말한 바와 같이 국내에 아직 통합되지 못한 민심과 의식을 고려라는 하나의 그릇으로 모아야 겠다는 생각이지요. 특히 이 융화정책은 호족들에 대한 염려와 배려가 함께 담긴 것이지요. 끝으로 숭불정책입니다. 이 숭불정책은 고려가 불교의 국가로 나아가게 하였으며, 봄과 가을에는 연등회와 팔관회를 열었습니다. 이 세 가지 정책은 고려를 귀족국가로 이끌게 됩니다. 그리고 국방에도 많은 노력을 기울여 거란이 차지하고 있는 서북쪽과 여진족이 자주 침입하는 북방에 성을 쌓아 나라를 안정시켰습니다.

왕건이 나이가 들자 세자에게 '훈요십조'를 남겨 반드시 지키도록 당부했습니다. 왕건은 삼국의 통일과 고려의 새로운 질서라는 많은 업적을 남기고 67세의 나이로 세상을 떠났습니다.

경순왕릉

# 광종의 왕권 안정책

광종은 태조 왕건과 왕후 유씨 사이에 태어난 아들로 혜종이나 정종이 왕위에 오래 있지 못하고 일찍 죽으므로 네번째로 왕위에 오르게 되었습니다.

그때까지도 왕권이 확고하지가 못했습니다. 혜종이 2년, 정종이 4년만에 죽음으로 아직 왕권을 확고하게 세워 놓을 시간이 없었기도 하였겠지만, 아직은 고려에 호족들의 세력이 만만치 않으므로 왕의 명령을 호족이 엄중하게 받아들이는 분위기가 되지 못하였을 것입니다. 때문에 광종은 왕위에 오르자 국가 기강의 이런 해이함을 바로 잡아야겠다고 생각하였습니다.

그러나 마땅한 방법이 떠오르지 않았습니다. 강제로 군을 동원하여 해결하는 것은 사소한 저항이 자칫 무력 충돌로 이어지면 국가의 에너지가 쓸데 없이 소모될 수 있으며, 또 이는 다른 호족들의 동요를 가져올 수 있다는 생각이 들었을 것입니다. 그러므로 광종은

**고려의 호족세력**
후삼국을 통일하여 건국한 고려는 당시 지방 곳곳에 자리잡고 있는 호족의 힘에 도움을 얻어 건국한 나라로 볼 수도 있습니다.

 강경한 방법을 쉽게 사용할 수가 없었을 것니다. 그때 한 신하가 광종에게 건의합니다.

"지금 호족들에게는 노비가 과도하게 많습니다. 그들이 보유하고 있는 노비의 수를 줄여야 합니다."

 신하가 제시한 방법은 지극히 정상적인 것입니다. 호족들이 보유하고 있는 노비 중에는 삼국 통일기에 사회의 혼란한 틈을 타 호족들이 나라 잃은 양민들을 노비로 삼았으니, 이를 심사하여 다시 양민으로 회복시켜 주면 나라로서는 백성이 그만큼 늘어 세금을 더 걷을 수 있고, 또 호족들에게는 노비의 수가 줄어드니 그들의 세력이 약해질 것이라는 주장입니다.

 광종은 이런 신하의 건의를 받아들이는 한편 중국 후주에서 온 쌍기를 만나 그의 건의를 들었습니다.

 '중국에서는 시험으로 인재를 뽑는 제도가 있으며 이는 여러 곳에 있는 드러나지 않은 인재를 발굴하는 데 도움이 됩니다. 뿐만 아니라 지금 고려에서 염려하는 호족들의 세력을 약화시키는 데에도 큰 도움이 될 것입니다.'

신숭겸 장군묘

고려청자

"아빠, 왜 과거제도가 호족의 세력을 약화시키는 데에 도움이 되요?"

"그동안 고려에서 인재를 등용할 때는 벼슬이 있는 신하나 호족의 자녀로 썼는데, 그러다 보니 호족의 세력은 점점 커지는 결과를 낳게 되었지. 이는 호족의 세력을 줄이려는 국가의 시책하고는 역행하는 제도이지. 그래서 광종은 쌍기의 건의를 받아들여 국가의 인재 등용에 과거제도를 시행하기로 했지."

아빠의 이야기는 계속됩니다. 처음에 나라에서 과거제도를 시행하자 제일 먼저 호족들이 반발하였습니다. 호족들은 자신들이 고려의 건국에 각자 기여한 바가 많다고 여기고 있기 때문입니다. 그러나 광종은 이 과거제도를 통해 기용된 인물들이 뜻밖에 실력 있고 참신한 인물이 많았음을 보고 기뻐하였습니다.

광종의 노력으로 왕권은 점차 안정되어 갔으나 광종 역시 57세의 나이로 일찍 죽었습니다. 광종의 노력으로 호족에 대한 왕실의 불안이 어느 정도 해소되자 광종의 뒤를 이은 성종은 내치에 힘써 사회를 안정시

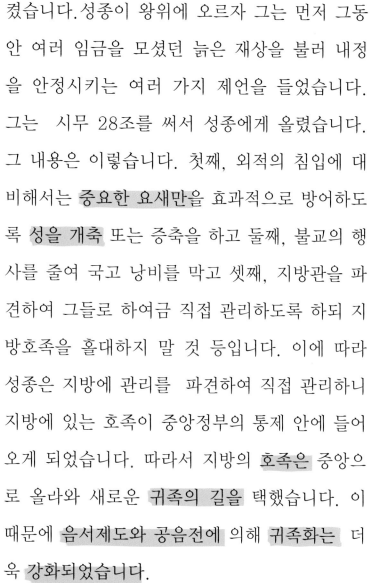

중국에서 귀화한 쌍기
중국의 후주에서 귀화해 광조의 개혁에 기여한 사람으로, 당나라의 과거제도를 추천하여 고려에 관리를 선발하는 제도를 정착시켰습니다.

관촉사 석문

켰습니다. 성종이 왕위에 오르자 그는 먼저 그동안 여러 임금을 모셨던 늙은 재상을 불러 내정을 안정시키는 여러 가지 제언을 들었습니다. 그는 시무 28조를 써서 성종에게 올렸습니다. 그 내용은 이렇습니다. 첫째, 외적의 침입에 대비해서는 중요한 요새만을 효과적으로 방어하도록 성을 개축 또는 증축을 하고 둘째, 불교의 행사를 줄여 국고 낭비를 막고 셋째, 지방관을 파견하여 그들로 하여금 직접 관리하도록 하되 지방호족을 홀대하지 말 것 등입니다. 이에 따라 성종은 지방에 관리를 파견하여 직접 관리하니 지방에 있는 호족이 중앙정부의 통제 안에 들어오게 되었습니다. 따라서 지방의 호족은 중앙으로 올라와 새로운 귀족의 길을 택했습니다. 이 때문에 음서제도와 공음전에 의해 귀족화는 더욱 강화되었습니다.

# 거란의 1차 침입

성종 12년(993년) **거란의 소손녕이 80만** 대군을 이끌고 고려의 국경을 넘어 왔습니다. 거란은 본래 중국의 **요하와 북동부에서** 자리잡고 사는 유목민입니다.

"아빠, 유목민이라면 양을 기르면서 이리저리 옮겨 사는 사람들을 말하는 것인가요?"

"그래 그 말은 맞지만, 네가 생각하는 그 작은 집단의 부족 같은 민족은 아니지. 지금 미국의 백인이나 서유럽의 대부분 나라들도 유목민의 후예이지."

"그럼 저희 민족도 유목민족인가요?"

"우리 민족은 농경민의 후예이지. 그러나 그때의 거란족은 **말타기에 능하며** 거칠고 **정복욕이 강한** 유목민이지."

아빠의 이야기는 계속됩니다. 고려에서는 거란의 급작스런 공격에 그 의도가 무엇인지를 알아보기 위해 사람을 보냈더니, 돌아와 전하는 말이 '송나라와의 교

> **거란의 등장**
> 거란은 본래 5세기경 요하 북쪽에서 활동하던 유목민으로 고구려 때부터 우리나라와 충돌이 있었습니다.

> 그런데 북쪽에서 외국의 침입이 많은 것 같으네요.

거란의 1차 침입

류를 끊으라는 것입니다. 당시 고려는 거란이 발해를 멸망시킨 데에 대한 불만을 가지고 있어 거란과의 관계가 원만하지 못하고, 오히려 거란의 남쪽에 자리하고 있는 송과 무역을 하며 친밀한 관계를 맺고 있었습니다. 이에 거란으로서는 이런 고려의 태도가 불만이고 또, 거란으로서는 앞에는 송과 대치하고 등 뒤로는 고려를 접하고 있으므로 많이 껄끄러웠을 것입니다. 그래서 거란의 진영에 다녀 온 사신의 말에는 '고려가 송과의 관계를 지금처럼 계속 유지한다면 거란의 보복을 받을 것이니 그것

서희장군 묘

이 두렵다면 당장 교류를 끊으라' 는 것입니다.

그러나 거란은 고려가 어떤 응답도 하기 전에 맹렬한 기세로 고려의 영토를 쳐들어 왔습니다. 그것은 날씨는 추워져 찬 북풍이 불어오고 고려는 협상을 핑계로 시간만 끈다고 여겼기 때문입니다. 거란의 공격을 받은 고려의 조정은 거란과의 화친과 교전, 두 주장이 대립하였습니다. 그러나 고려의 수비는 완강하여 안융진성은 요지부동이었고, 거란의 공격은 그들의 계획대로 되는 것이 없었습니다. 그러자 거란 장수 소손녕은 고려에 회담을 요청해 왔습니다.

"전하, 신하가 소손녕을 만나보겠습니다."

그는 고려의 중군사 서희였습니다.

소손녕은 서희를 보자 대뜸 거란은 본디 고구려의 땅에서 일어났으니 압록강 이북은 거란의 영토이므로 고려는 압록강 이북의 땅을 내어 놓으라는 것과, 또 요나라가 적대시 하는 송과 교역하는 것은 분명히 고려가 요나라에 대한 적개심이 있기 때문이니 당장 교역을 중지하라는 것입니다. 이에 서희는,

용주성-강동6주 중 하나

"우리의 국호가 고려라는 점에서도 알 수 있듯이 고려는 고구려를 계승한 나라이므로 장군의 주장은 가당치 않습니다. 또한 송나라와의 교역은 중간에 있는 여진을 거치지 않고 바다로 바로 갈 수 있기 때문이며, 만약 요나라가 여진을 물리쳐 준다면 우리 고려는 당장 요나라와 교역을 할 것입니다."

하고 주장하자 거란의 소손녕은 서희의 주

거란의 침입도

위화도

강계

곽주

의주

안주

평양

봉주

개경

강동6주

장에 거짓이 없다고 여겨 군사를 이끌고 본국으로 돌아갔습니다. 이렇게 거란을 담판으로 물리친 고려는 압록강 이남인 장흥 등 여러 곳에 성을 쌓았으며 이를 통치하기 위해 흥화진, 용주, 통주, 철주, 귀주, 곽주 등 6주를 설치하였으니, 이를 '강동6주'라고 합니다. 그뒤 서희는 994년 군사를 이끌고 나가 거란군을 몰아냈습니다. 서희가 구축한 강동 6주는 훗날 조선이 압록강과 두만강까지 영토를 넓히는 바탕이 되었으며, 이처럼 나라에 큰 공을 세운 서희는 56세로 세상을 떠났습니다.

# 거란의 2차 침입

고려의 6대 성왕은 아들을 낳지 못하고 세상을 떠났습니다. 그러자 5대 왕이던 경종의 아들을 왕위에 앉히니 그가 7대 목종입니다. 그러나 목종은 나이가 어려서 나라를 다스릴 수 없으므로 그의 어머니 천추태후가 대신 정사를 보았으나, 천추태후는 정사는 멀리하고 김치양이라는 간사한 자와 가까이 지내다 아들을 낳게 되었습니다.

그러자 천추태후와 김치양은 둘 사이에서 태어난 아들을 후대 왕으로 삼고자 음모를 꾸몄으며, 당시 서경에 나가 있던 강조는 이를 알고 군사를 일으켜, 김치양을 죽이고 천추태후를 귀양 보냈습니다.

그러나 목종을 살려두는 것이 후환이 된다고 여긴 강조는 귀양 보낸 목종을 시해하고 세자를 왕위에 앉히니 그가 현종입니다. 이를 '강조의 난' 이라고 합니다.

한편 거란의 성종은 호시탐탐 고려에 침략의 기회를

## 안융진성
안융진은 고려 광종 때 평남 문덕군에 쌓은 성으로 거란의 1차 침입을 막는데 효과적이었습니다.

거란의 2차침입

노려오다가 1010년 가을 40만 대군을 이끌고 고려를 쳐들어 왔습니다. 침략의 이유는 '신하된 자가 어찌 왕을 죽일 수 있느냐'는 터무니 없는 것이었습니다. 거란은 1차의 침범에서 아무 성과도 없을 뿐만 아니라 그동안 비축했던 군량미를 대부분 탕진하고, 공격이 성공하지 못한데 대한 자신의 자존심을 살리기 위해 공격의 기회를 엿보고 있었던 것입니다.

거란군은 압록강을 건너자마자 성난 짐승처럼 공격해 왔습니다. 그들은 맹렬히 공격했지만 흥화진을 지키는 양규는 흥분하지 않고 성을 지켜내니 거란군은 흥화진과 서경을 피해 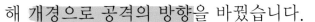개경으로 공격의 방향을 바꿨습니다.

"아빠, 잠깐만이요. 적의 공격에 대한 방어를 성 안에서만 했나요, 그때는 ?"

" 그랬지, 그때는. 왜냐하면 적이 쳐들어 올 수 있는 길목의 중심에 성을 쌓았기 때문에 그 성을 피해 공격하는 것을 생각하기란 쉽지 않지. 만약 성을 피해 다음 성을 공격할 때 앞뒤로 적을 맞게 되면 큰 낭패를 당하기 쉽지."

파주 마애불

" 그런데 그때는 고려군이 왜 앞뒤에서 협공을 하지 못했나요?"

"그건 고려의 성이 크지가 않아 군사를 많이 주둔 시킬 수가 없는 탓도 있겠지만 거란의 군사가 많기 때문에 고려군은 성을 비우고 나와 싸울 수 있는 병사가 충분하지 못한 때문이기도 했겠지."

이때 개경에 있던 현종은 남쪽으로 피란을 했습니다. 개경을 공격한 거란군은 왕이 신하와 백성들을 이끌고 개경을 버리고 남쪽으로 피란하자 대궐은 물론이고 민가까지 불을 질렀습니다. 그래도 고려의 현종이 나타

개경의 남대문

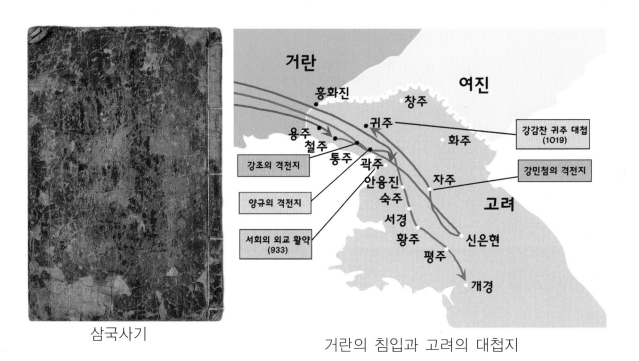

삼국사기

거란의 침입과 고려의 대첩지

거란 여진 고려

흥화진 창주
용주 귀주 강감찬 귀주 대첩
철주 화주 (1019)
강조의 격전지 통주 곽주
양규의 격전지 안융진 자주 강민첨의 격전지
숙주
서경
서희의 외교 활약 황주 신은현
(1019) 평주
개경

통주

평안북도 선천군의
옛 이름으로 수도로
통하는 길이라 하여
통주라 불렀으나 지
금은 사용하지 않습
니다.

나지 않자 성종은 거란으로 돌아가기로 하였습니다. 힘
든 전쟁을 치르면서 고려의 개경까지 쳐들어 왔지만 고
려 왕의 항복은 받아내지 못하고 군량미는 떨어져가므
로 거란으로 돌아가기로 한 것입니다. 이때 흥화진을 지
키고 있던 양규는 거란군을 그냥 보낼 수가 없었습니
다. 먼저 일부는 압록강 상류의 협곡을 막아 놓고, 일
부는 퇴각하는 거란 군사를 곳곳에서 소규모 공격을

여기가 어디죠?
사림 살기는 좋게 느껴지네요.
날씨도,주의 환경도..

해오다 거란군이 압록강을 건너기 시작하자 압록강 상류의 둑을 터뜨렸습니다

그러자 지치고 배고픈 거란군은 대부분 압록강 급류에 휩쓸려 떠내려 가고 일부만 살아 돌아갔습니다. 이때 싸운 전투에서는 양규도 전사하고 말았습니다.

거란으로 돌아간 성종은 여전히 직성이 풀리지 않자 다시 고려를 공격할 야심으로 거란의 1차 침입때 서희의 담판으로 내준 강동 6주의 반환을 요구하였습니다. 이에 고려에서 거란의 요구에 응하지 않자 다시 침범하여 통주를 공격하였으나 성공하지 못하고 다시 재차 침범하여 흥화진을 공격하였다가 성공하지 못하였습니다.

관촉사 석조 미륵보살 입상

# 거란의 3차 침입

거란의 성종은 고려의 침범에 큰 성과를 얻지 못하고 퇴각한 뒤, 몇 년이 지나 다시 강동 6주를 반환하거나 아니면 고려의 왕이 직접 들어와서 반환하지 못하는 이유에 대해 설명하고 사죄를 청하라는 것입니다. 그러나 어느 것 하나 고려로서는 받아들일 수 있는 조건이 아닙니다.

고려로부터의 답변이 오지 않자 거란의 성종은 압록강에 부교를 설치하여 건널 준비를 하고, 소배압에게 10만의 군사로써 고려를 침입하게 하였습니다(1018년). 이것이 거란의 3차 침입입니다. 이에 고려는 강감찬을 상원수로, 강민첨을 부원수로 삼아 거란의 침입에 맞섰습니다. 이때 강감찬은 군사를 이끌고 급히 흥화진으로 달려와 그곳의 지형을 살폈습니다. 흥화진은 서희가 개척한 강동 6주 가운데 가장 북쪽에 있는 곳으로 압록강을 사이에 둔 요충지입니다. 강감찬은 이곳 흥화진 동쪽으로 압록강의 지류가 흐르고 강 양 옆으로는 험

그런데 거란은 어떤 나라이길래 이처럼 고려를 자주 침범하나요?

거란의 3차 침입

준한 산이 감싸고 있는 것을 확인 했습니다. 강감찬은 이곳이 거란군을 상대로 작전을 펴기가 가장 좋은 곳이라고 보았습니다. 그는 먼저 상류의 가장 좁은 협곡에 나무를 베어 가로 막고, 굵은 가죽 끈과 칡넝쿨 등으로 나무를 엮어 물길을 막고, 군사 1만여 명으로는 그 남쪽 야산의 계곡에 매복하게 하였습니다. 그때 전방으로 정탐 갔던 병사가 돌아와 거란군이 지금 압록강을 건너고 있다고 알려 왔습니다.

거란군이 압록강을 반쯤 건넜을 때 강감찬은 상류에 막았던 나무들을 치워 둑을 트자 강을 건너던 거란군은 갑자기 불어난 물에 곤두박질 치며 떠내려 갔습니다. 그리고 마악 강을 건넌 병사들은 계곡에 잠복했던 고려 병사의 칼과 화살에 죽고 말았습니다. 이를 흥화진의 대승이라고도 합니다.

# 강감찬의 귀주대첩

**강감찬 장군**

　경주에서 금주로 이사해온 호족 출신으로 현종1년 거란의 3차 침입으로 소배압이 10만 대군으로 쳐들어 왔을 때 거란군에게 큰 타격을 주어 거란군이 다시는 고려를 침범하지 못하게 하였습니다.

강감찬은 흥화진에서 대승을 거두었으며 따라서 소배압은 분을 이기지 못하였습니다. 흥화진 북쪽에 모인 거란의 잔병을 재정비한 뒤 소배압은 생각했습니다. 고려군의 많은 군사가 흥화진에 몰려 있다면 개경은 반드시 비어 있을 것이므로, 소배압은 남은 군사를 독려하여 개경을 향해 진격을 하면 필시 대승을 할 수 있을 것이라고 생각한 뒤 거란군을 이끌고 개경을 향해 진격하기 시작하였습니다. 그러나 거란군은 많이 지쳐 있었으며 이런 거란군을 예측이라도 한 듯 강감찬은 개경에 이르는 요소에 고려군을 매복시켜 놓았습니다. 개경을 향해 남쪽으로 진격하다 잠시 휴식하는 거란군에게, 매복했던 고려군이 공격을 하면 소배압의 거란군은 소스라치듯 놀라 남쪽으로 개경을 향해 후퇴 아닌 진군을 했습니다. 소배압에게는 이것이 자신과 거란군이 살 길이라고 여긴 듯합니다.

이렇게 몇 차례 공격을 받으면서도 개경까지는 왔으나, 이미 그 때는 **고려의 현종은 남쪽으로** 피신하여 없는 상태입니다. 그야말로 닭 쫓던 개 지붕 쳐다보는 격이지요. 소배압은 심신이 모두 지쳤습니다. 고려왕을 잡는 다면 자신은 거란의 황제에게도 명분이 생길 것이고, 또 자신이 그동안의 패전을 씻고 승전 장군이 될 터였기에 더욱 억울하고 그래서 심한 피로감만이 그를 찾아 왔습니다. 그러나 피로하고 지친 것은 소배압만이 아닙니다. 거란의 병사도 마찬가지입니다.

거란군은 북으로 발길을 돌려야 했습니다. 그러나 그것도 쉽지가 않았습니다. 퇴로의 요소마다 잠복하고 있던 **고려군의 공격을 받은** 거란군은 **수많은 군사를 잃고 귀주로 향했습니다.** 귀주는 압록강을 건너기 위해 마지막 거쳐야 하는 고려의 영토입니다. 이런 귀주는 작은 야산과 구릉이 있어 군사적으로도 널리 활용하는 곳입니다. 이런 천애의 지역을 강감찬이 그냥 둘 리 없습니다. 그러나 소배압으로서는 이런 천애의 지형을 군사적으로 이용할 수 있는 안목이 없을 것입니다. 귀주에 이

대 안국사–강감찬 사당

천리장성

르기까지 소배압은 계속하여 고려군이 쫓아왔던 터라, 도착하자 먼저 이곳은 조용하고 쉬기 좋은 곳이라 여겼습니다. 적군이 잠복한 기색도 없었습니다. 피로에 지친 소배압은 군사와 함께 그곳에 여장을 풀고 쉬려했습니다. 그러나 그가 기대고 누은 나무 기둥에 편지를 묶은 화살이 하나 날아와 꽂혔습니다. 강감찬의 친서였습니다. 강감찬이 소배압을 조롱하는 글이었습니다. 소배압은 자존심이 상할 겨를도 없이 뒤이어 따라온 함성을 듣고 놀랐습니다. 고려와 거란군은 귀주의 한 구릉에서 맞붙어 마지막 한판 승부를 겨뤘습니다. 결과는 고려군의 대승이었습니다. '귀주대첩' 입니다. 강감찬의 통쾌한 승리였습니다. 이 전투로 거란의 소배압은 군사를 거의 잃고 불과 수 천의 병사만 목숨을 부지하여 살아 돌아갔습니다. 강감찬의 승리는 고려를 세 번이나 침입한 거란에 대한 마지막 일격으로, 다시는 고려를 침범할 생각을 못 갖도록 마무리 지은 공격이었습니다.

# 여진족과 윤관의 9성

고려가 건국 되었을 당시 압록강 서북쪽는 거란이 있
었고 고려의 동북쪽에는 여진족이 살고 있었는데, 고
려는 여진족과는 원만한 관계를 유지하여 그들로부터
는 말과 모피, 활, 화살을 받고, 여진족에게는 식량과
옷, 철제 농기구 등을 주었으며 또 귀순해 오는 여진족
에 대해서는 고려군의 하위급 장수 등의 관직까지 주
며 회유했습니다. 그러나 11세기 말에서 12세기 초에
이르러 북만주와 하얼빈에 살던 여진족이 그들 내부를
통합하여 에너지를 한 곳으로 결집시킨 뒤 그 세력을
고려로 향하였습니다. 그리하여 고려의 국경을 넘어 남
으로 침입하는 일이 잦아지니, 이에 고려는 윤관에게
군사를 내주어 그들을 북으로 밀어내도록 하였으나 오
히려 패하게 되자, 여진족은 승리한  여세로 고려의 정
주, 신덕관을 공격하여  고려에 막대한 해를  입혔습
니다. 이로 인해 천리장성  북쪽은 모두 그들의 지배

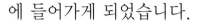
**만월대**
만월대는 고려의 궁궐 터로 길이 약 445미터, 너비 약 150미터로 북쪽의 송악산을 배경으로 구릉지대에 지어졌습니다.

에 들어가게 되었습니다.

"아빠, 잠깐만이요."

하고 혜린은 아빠의 말을 끊습니다.

"아빠는, 자꾸 기마민족 하시는데 저희도 그 말타고 싸울 수 있는 군사를 기르면 되지 않나요?"

"그래, 그래서 고구려 때부터도 기마군을 양성하여 기마민족의 침입에 대비해 왔는데 그들과의 전쟁이 끝나고, 10년이고 혹은 그 이상의 시간이 흐르게 되면 자연히 해체하게 되지."

"왜요, 더 오래 유지하고 있으면 안 되나요?"

"비용 때문이지. 기마병을 상비군으로 두게 되면 많은 비용이 들게 되지. 말은 소처럼 경작을 하는 데 이용할 수도 없고, 그냥 말을 놀리면서 먹이를 주며 관리하는 것은 당시의 경제력으로는 감당하기가 어렵지. 또 하나, 그들과의 대립에 있어 불리한 게 하나 더 있지."

아빠의 설명은 계속 됩니다. 그들은 정착생활을 하는 농경민이 아니기 때문에 이동이 자유롭지요. 추우면 사육하던 짐승을 몰고 좀더 따뜻한 곳으로 이동을 했

만월대터

오랑캐꽃

다가, 따뜻해지면  다시 자신들의 생활지로 옵니다. 또 그곳이 가물어 초목이  풍성하지 못하면  남쪽으로 국경을 넘어 고려로 쳐들어 옵니다. 그런데 그 침범이 대규모라면 국가가 대응을 하겠지만, 마적처럼 소규모 라면 대응 방법이 마땅치 않지요. 일일이 국가가 대응을 못하니 그 곳에 거주하는 백성들은, 그래서 삶의 터전을 버리고 남쪽으로 이사하게 됩니다. 그럼 그 지역은 빈 곳이 되어 자연스럽게 여진의 유목민이 살게 되지요. 또 그런 곳의 지형은 대체로 구릉이나 산악 지대로 사람의 왕래나 농경을 하기에는 생활이 편하지 않은 곳입니다.

"아빠, 그곳이 어디예요?"

"함길도, 지금의 함경남북도를 옛날에는 그렇게 불렀 는데 그중에서도 함경북도가 그곳에 해당되지. 조선시 대에도 호랑이가 나타났던 곳이라고 해요. 그래서 오 랑캐와 조선 사람이 번갈아 가며 삶의 터전을 바꿔가 며 살아왔던 곳이라고 하지,"

아빠의  이야기는 계속됩니다. 그곳은 유목민이 아닌

두만강

두만강
　두만강을 표현한 한자를 풀이하면 콩이 강 위에 가득히 떠내려간다는 뜻입니다. 본래 콩의 세계적 원산지는 만주 벌판으로 알려졌습니다.

농경민이 살기에는 적합하지가 않아요. 물도 부족하고, 대부분은 산이고, 가끔 산과 산 사이에 나타나는 것은 고원에 사냥꾼이나 살 것 같은 움막 또는 동굴 같은 것들만 보이지요. 그러므로 이곳에 백성들이 이주해 와서 산다고 해도 서로 어울려 의지하며 살아야 하는데, 여기에 오랑캐들이 자주 출몰한다고 하면 왔다가도 얼른 짐을 싸서 도망하고 싶겠지요.

　때문에 당시에도 국가에서는 백성을 국경 지역으로 이주시키고 세금의 감면 등 여러 혜택을 주며 백성을 정착시키려 노력했지만 쉽지 않았습니다. 이런 지역적 사정을 잘 알고 있는 윤관으로서는 여진족을 물리칠 수 있는 방법은 기마병을 조직하여 그곳에 성을 쌓아 백성을 보호하는 길밖에 없다고 생각했습니다. 그리하여 예종은 윤관의 건의를 받아들여 특수부대인 별무반을 만들어 기병부대와 보병부대를 창설했습니다.

　예종 2년 1107년 윤관을 원수로, 오연총을 부원수로 삼고 별무반을 이끌고 여진족을 토벌하도록 했지요. 여진족의 정벌에 나선 윤관은 그러나 그들의 만만치 않은 전투력을 만나면서 고전을 하기도 하였으나 마침내 그들의 방어를 뚫고 북진하여 그곳을 점령하여 함주, 영주, 웅주 등 6곳의 성과, 이듬해 다시 점령한 통태진, 진양진, 숭녕전, 이렇게 3곳을 합쳐 9개의 성을 쌓았습니다. 이것이 동북 9성입니다.

한편 고려가 이곳을 점령하여 9성을 쌓자 생활 터전을 잃은 여진족은 틈만 나면 고려의 9성을 공격하며 집요하게 괴롭혀 왔습니다. 또 때로는 그 땅을 되돌려주면 다시는 고려를 공격하는 일이 없을 뿐만 아니라 고려에 충성하겠다고 사정하기도 하였습니다. 그들에게는 생존의 문제였습니다. 그에 비해 고려에서는 국방을 위한 정책입니다. 이럴 때 정책의 문제는 생존의 문제보다 뒤지는 경우가 많습니다. 사실 9성은 방어하기가 쉽지가 않았습니다. 9성을 방어하기에는 군사의 수도 모자랄 뿐만 아니라 여진족의 삶을 건 끈질긴 공세를 막아내는 데에 소모되는 에너지가 고려로서는 국가에 큰 이익이 되지 못하다고 생각하는 사람이 많았던 것입니다. 다시 말해 당시의 조정에서는 북진으로

삼환통보

파주 윤관묘

옛 고구려의 잃은 땅을 되찾아야 된다는 거시적인 생각을 가진 사람의 수가 많지 않았으며, 또 백성 역시 빼앗은 9성에서 살기 위해 땅을 되찾아야 된다는 생각을 가진 사람의 수가 부족했던 듯싶습니다. 그곳은 고려인에게는 낯선 곳처럼 느껴졌습니다. 토지는 척박하고, 물은 부족하며 또 부락과 부락 사이는 멀리 떨어져 있어 소통도 어렵습니다. 무엇보다 오랑캐의 땅이라는 것이 백성들을 불안하게 했던 것 같습니다.

그리고 조정에서는 서북쪽으로 거란과 맞서 있으면서 다시 동북쪽으로 여진과 대립한다는 것은 전략적으로도 좋은 방법이 아니라고 생각하는 사람이 많았습니다. 때문에 조정에서는 9성을 돌려주자는 주장이 만만치가 않았습니다. 결국 고려는 개척한 지 2년도 못되어 1109년에 윤관이 개척한 9성을 여진에게 돌려주고 철수하기로 하니, 고려의 북진 정책은 사실상 좌절된 셈이지요. 뿐만 아니라 윤관의 북진정책을 부정적으로 보고 있던 일부 신하들에 의해 윤관은 관직을 잃고 이듬해에 병을 얻어 세상을 떠났습니다.

# 이자겸과 묘청

고려가 여진족을 북쪽으로 물리치고 9성을 쌓았을 당시 여진족은 더욱 강성해져 요동에 있는 거란을 물리치고 그곳에 '금'나라를 세웠습니다. 이렇게 세력을 넓혀가던 금나라는 2년 뒤 남쪽에 있는 송나라도 멸하였고 고려에게 군신 관계를 요구하였습니다. 고려에서는 격론 끝에 이자겸이 나서 금나라에 사대의 예를 갖추기로 하였습니다.

당시 이자겸은 인종의 외조부이자 장인으로 개경 최대의 문벌 귀족이었습니다.

이자겸의 집안은 문종(11대.1046~1083)에서 인종(17대.1122~1146)에 이르기까지 80여 년동안 다섯 명의 왕에게 아홉 명의 왕비를 들인 집안입니다. 그러므로 외척으로서 이자겸의 위세는 하늘을 찌를듯 높았고, 모든 정사에 간여하여 국정을 좌지우지하니, 인종으로서는 이자겸을 그냥 두고서는 국정을 정상적으로

153

해동통보

벽란도

벽란도는 개성에 인접한 서
해안에 있는 항구로 고려 전
기에는 송나라, 금나라 등과
무역을 하였으며 수입품으로
는 비단, 구리 등이며 수출품
으로는 인삼, 자기, 화문석 등
이였습니다.

이끌어 나갈 수 없다고 판단하여 척준경 등을 회유한
뒤 이자겸을 제거하도록 지시하였습니다. 인종의 명을
받은 척준경은 장교와 서리, 관노 30여 명을 이끌고
이자겸이 있는 궁궐로 향하였고, 순검도령 정유환 역
시 100여 명의 수비병을 이끌고 부근에 기다리고 있
다 함께 궁안으로 들어가 이자겸을 체포하고 그를 따
르는 잔당을 죽이니 이자겸의 난은 평정되었습니다.
체포된 이자겸은 전남 영광으로 유배 보내졌다가 죽임
을 당하고, 인종의 왕비였던 이자겸의 두 딸은 궁궐에
서 쫓겨났습니다. 그 후 인종은 이자겸을 체포했던 척
준경도 궁궐을 불살랐다는 죄를 씌워 섬으로 유배하였
습니다.

이자겸과 척준경을 몰아낸 인종은 왕권을 회복하기
위해 묘청, 백수환 등 소위 말하는 서경파와 손잡고 수
도를 서경으로 옮기려 했지요.

"잠깐만이요."

혜련이가 아빠의 말을 잡습니다.

"서경파란 무엇을 말하나요?"

고려인삼

"응, 당시 고려에는 수도를 서경, 즉 평양으로 옮기자고 주장하는 사람들과 그냥 개경에 두자는 사람의 두 파로 나뉘어 있었지."

아빠의 설명은 계속됩니다. 수도를 서경으로 옮기자는 사람들은 묘청을 비롯해 백수환, 정지상 등이 있었는데, 이들의 주장은 개경은 기운이 다 되어 나라의 운이 오래 가지 못할 것이니 도읍을 옮기는 것이 좋다고 주장합니다. 이들을 가리켜 서경파라 하지요. 이들이 주장하는 배경에는 당시 유행하던 풍수지리설이 있으며, 또 그냥 개경에 도읍을 두는 것이 좋다고 주장하는 사람들이 있으니 이에는 김부식을 비롯해 개경에 터를 잡은 문벌 귀족들로 이들을 개경파라고 합니다.

묘청은 고려의 인종을 비롯한 서경파 등 많은 사람이 호응하며 따를 줄 알았으나 그렇시 못하며, 인종 역시 도읍을 옮기는 것이 쉽지 않음을 깨닫고 마음이 돌아서자 묘청은 궁지에 몰리게 되었습니다. 일이 이렇게 되자 묘청은 자신을 따르던 무리들과 서경에서 난을 일으켰습니다(1135년). 그러나 묘청의 생각은 치밀하지가 못했고 조금 서툴렀습니다.

인종은 김부식에게 난을 진압하도록 명을 내리니 김부식은 먼저 개경에서 아직 머뭇거리고 있던 정지상, 백수한 등을 처단하고, 좌우중의 3군을 이끌고 안북도호부가 있는 안주에 이르러 묘청과 각 성에 있는 성주에게 항복을 권유했습니다. 처음에는 저항을 했으나 오래가지 못하고 항복해 오니, 일 년만에 반란은 끝나고 묘청과 그를 따르던 장수들은 스스로 목숨을 끊으니 묘청의 난은 1년만에 끝났습니다(1136년).

해인사 전경

156

# 무신의 반란

   나랏일을 보는 신하들의 업무에는 크게 두 가지로 나누어 지는데 하나는 **국방이나 전투에만** 전적으로 관여하는 사람들, 즉 **무인들이 있고** 이를 제외한 국가의 모든 **행정이나 외교 등**에 관여하는 **문신들이** 있지요.

   "아빠 아직 잘 모르겠어요. 문신과 무신을 좀 더 쉽게 설명해 주세요."

   "문신은 글에 밝은 신하, 따라서 국방이나 전투를 제외한 국가의 모든 행정이나 외교 등에 관여하는 신하를 가리키며, 무신은 국방과 싸움에 주로 관여하는 신하를 가리키지. 그러나 이 두 일이 그렇게 분명히 나누어 지는 것은 이니야."

   지금까지의 나랏일에는 문신의 일과 무신의 일이 분명히 구분되지는 않았는데, 고려초 지방호족들의 세력을 약화시키기 위해 중국인 쌍기가 건의하여 실시한 과거제도로 문신들의 수는 늘어났고 또 나라에서는 지

개성 경천사지 10층석탑

방호족의 세력과 건국을 이끈 무인들을 견제하기 위해서 그들의 성과를 낮춰 평가해 왔었으며, 반대로 문인들에 대해서는 과장되게 평가되는 분위기가 있었던 것이였지요. 그런 사회적 분위기에, 지금까지 고려를 침범해 왔던 외적들을 서희, 강감찬, 윤관 등 문관이 나가 평정했다는 점도 더해졌지요. 이런 전반적인 분위기는 고려의 문신을 귀하게 여기고, 무인을 홀대하는 풍조로 발전했습니다. 이런 풍조는 마땅히 있어야할 무인의 고위직까지 문인이 차지하게 되었고 무인은 정3품까지만 오를 수 있으며, 그리고 무인에게는 '문과의 과거제도' 같은 무인이 급제할 수 있는 제도가 없었으니 그들의 사기는 날로 떨어져 갔습니다.

"아빠, '문과의 과거제도' 같은 무인이 '급제할 수 있는 제도'라는 게 무엇인가요?"

"그 급제라는 것은 지금으로 보면 '판검사가 되는 사법시험, 그리고 행정이나 외교관이 될 수 있는 행정, 외무고시,' 또 군인의 지휘관이 될 수있는 '사관학교' 등의 고급관리의 등용문 같은 것을 말하지."

사회적으로 무인을 홀대하는 그런 시기에, 의종(18 대)은 문신들과 연희를 즐기기 위해 궁궐 밖으로 행차를 자주 갔었는데 이때마다 무인들은 호위를 위해 왕의 행차에 따라 갔었습니다. 그날 왕은 궁궐 밖 넓은 곳에서 행차를 멈추고 잔치를 벌여 신하들의 무예를 구경한다며 여러 무인이 서로 어울려 무예를 겨루는 동안, 나이든 무인 이소응이 지쳐 쫓기는 일이 있었습니다. 그러자 한뢰라는 문신이 이 이소응의 뺨을 후려치는 일이 있었지요. 대장군이라는 자가 젊은 문인도 감당 못해서야 되겠느냐는 것입니다.

이 사건은 연회장을 갑자기 찬물을 뿌린 듯 긴장시켰고 그동안 무인들의 마음 속에 쌓였던 불만에 불을 당겼습니다. 그리고 무인과 문인의 관계를 적과 우군처럼 분명하게 길라 놓았습니다. 정중부는 한뢰에게 소리쳤습니다.

"네 이놈! 이소응이 비록 무관이지만 벼슬이 3품인 대장군인데 네 놈이 어찌 그리 방자하게 할 수 있느냐?"

청자상감운학문매병

정중부의 이 말은 무인이 문인에 대한 선전포고처럼 울렸습니다.

이 일이 있은 후 무인들의 분노는 서로의 가슴 속에서 급속히 연대하면서 끓었습니다. 이들은 언제고 왕의 행차를 기다렸습니다. 그리고 그 행차가 왔습니다. 의종의 행차가 보현원으로 간다는 전갈에 정중부는 이고와 이의방에게 준비를 시켰습니다. 왕의 행차가 보현원에 도착하기가 무섭게 이고와 이의방이 이끄는 군사와 함께 왕을 호위하고 있던 정중부 일당은 문인들의 목을 사정없이 쳤습니다. 이리하여 정중부 일당은 모든 권력을 한 손에 넣고 국정을 좌지우지하며 마음껏 흔들었습니다.

이제 그들의 뜻을 거슬리는 사람은 없습니다.

권력이 이처럼 거스를 게 없어지면 자연 오만해 지게 마련입니다. 정중부는 아들을 추밀원의 승선으로 앉히고 사위 송유인은 추밀원 부사가 되었습니다.

이 추밀원은 왕명과 궁중 경비, 군사비밀을 다루는 곳으로 임금의 신임이 두터운 사람이 아니면 그 직을 맡

무인들이 화가 많이 났었겠네요. 너무 무시 당해서요.

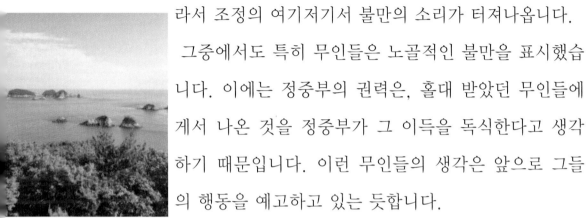

…도–의종이 귀양갔던 곳

무인들이 횡포를 부리는 것은 무시당했던 것에 대한 빚갚기인가요?

기 어려운 조정의 요직입니다. 정중부 일당은 국정을 운영하는데 거침이 없었습니다. 무인의 횡포였으며, 따라서 조정의 여기저기서 불만의 소리가 터져나옵니다.

그중에서도 특히 무인들은 노골적인 불만을 표시했습니다. 이에는 정중부의 권력은, 홀대 받았던 무인들에게서 나온 것을 정중부가 그 이득을 독식한다고 생각하기 때문입니다. 이런 무인들의 생각은 앞으로 그들의 행동을 예고하고 있는 듯합니다.

한편 정중부 일당은 의종을 폐하여 거제도로 귀양보내고 의종의 동생을 왕위에 앉히니 그가 19대 명종입니다. 그리고 정중부는 이의방 등과 함께 중방이라는 기구를 설치하여 그곳에서 나라의 모든 일을 보았습니다. 정중부는 이의방과 함께 이렇게 국정을 보았으나 눌의 사이는 차츰 틈이 벌어졌습니다. 그래서 정중부는 이의방을 제거할 생각이었습니다. 마침 서경에서 일으킨 난에 이의방을 보내 진압하려는 계획을 세운 정중부는 부하를 시켜 전선으로 향하는 이의방을 살해했습니다.

# 최충헌의 집권

이처럼 무인들을 모함하고 죽이는 정치를 보고 있던 경대승은 정중부를 제거하기로 마음 먹었습니다. 그는 26세의 젊은 나이로 상장군이던 아버지의 인품을 본받아 주변의 신임을 얻어 왔었습니다. 그는 아직 어렸으므로 권력 등의 욕심은 없었습니다. 다만 정의로운 것을 찾아 함께 가고 싶었습니다. 경대승은 허승과 함께 일을 도모하기로 하였습니다. 그리고 1179년 불교행사인 장경회가 끝나는 날 저녁 수하 병졸들을 이끌고 궁궐의 담을 넘었습니다. 명종을 찾아 경위를 설명하고 정중부를 죽이겠다는 칙서를 받아 정중부의 목을 쳤습니다.

경대승은 중방을 폐지하고 정사를 도방으로 옮겨 그곳에서 일을 보았으니 이를 도방정치라고 합니다. 그러나 경대승은 갑자기 건강이 악화되어 4년만에 죽었습니다.

> **도방정치**
> 고려의 귀족문화는 신라로부터 받아들여져 고려의 호족을 중심으로 문벌을 귀중하게 여기는 문화와 혼합되어 자연적으로 형성되었습니다.

이렇게 이어진 **정권은 이의민을** 거쳐 **최충헌 형제로** 넘어가게 되었지요. 최충헌은 이의민의 뒤를 이어 무신으로서 다섯 번째로 정권을 잡은 사람입니다. 그는 먼저 이의민의 잔당을 모두 없애고 곧이어 명종마저 폐위하고 50세가 넘은 왕민을 왕위에 앉히니 그가 20대 신종입니다. 신종은 이미 나이들고 심신도 허약한 왕입니다. **최충헌은** 신종을 움직여 조정의 최고위직인 **문하시중의** 자리에 올라 왕의 폐위와 양위 등을 마음대로 하였습니다.

그러나 최충헌은 마음에 걸리는 일이 있습니다. 그것은 어둠 속에서 반란을 음모하는 느낌 같은 것입니다. 최충헌은 동생 최충수가 그의 딸을 태자비로 들이려다 자신의 부하에 의해 죽임을 당한 일이라든지, 또는 공주와 경상도에서 일어난 천민들의 난들, 심지어는 자신이 거느린 노비까지 난을 일으킨 사건들, 이런 일들은 그가 보지 못하는 곳에서 끊임없이 만들어져 그를 향해 스멀스멀 기어오는 듯한 생각을 떨쳐 버릴 수가 없었습니다.

**무신정권**
정중부로부터 시작된 무신정권은 최씨의 자손들로 이어지다 몽골의 침입으로 막을 내렸습니다.

163

그래서 그는 자신을 호위하는 병사들을 더 많이 늘리고　자신도 궁을 가는 일 외에는 도방에서 일을 처리하였습니다. 이렇게 최대한으로 신변 안전을 살피면서 국정을 봤기 때문에 최충헌은 71세까지 목숨을 부지하다 사망하였고, 사망한 뒤에도 최씨의 자손들에 의해 고려를 다스려 오다 몽골의 7차 침입으로 최의가 살해 됨으로써 막을 내리게 되었습니다.

몽골인의 전투모습

# 몽골의 침입

"몽골의 등장은 고려뿐만 아니라 세계사의 시각에서도 주목할 일이지."

"저도 들어봤어요. '칭기즈칸'…. 뭐 그런 거죠?"

"짧은 시간에 세계를 그처럼 많이 정복한 나라는 지금까지도 없지."

아빠의 설명은 계속됩니다. 칭기즈칸이란 이름은 몽골말로 황제란 뜻이고 그의 이름은 '테무친'이지요. 몽골은 중국 북쪽에 거주하던 유목민으로 테무친이 여러 부족을 통일하고 그 여세로 중국을 공격합니다.

이렇게 세계 정세가 급변해 가는 시기에 고려에서는 최씨의 무인통치가 계속되었고 이에 반발하는 백성과 군인들, 심지어는 승려까지 반란에 동참하여 각지에서 일어나고 있었지요. 이미 북방의 강자로 자리잡은 몽골은 중국 북쪽에 자리잡고 있던 금나라를 물리치기 위해 고려에 협력을 요구하려 사신을 보냈다가 돌아가

칭기즈칸 초상

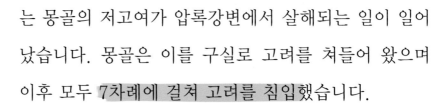

저고여 피살사건
몽골의 사신이 고려를
다녀가다 국경 부근에
서 피살 당한 사건의
책임을 고려에 물어
고려에 조공을 요구하
였습니다.

는 몽골의 저고여가 압록강변에서 살해되는 일이 일어
났습니다. 몽골은 이를 구실로 고려를 쳐들어 왔으며
이후 모두 7차례에 걸쳐 고려를 침입했습니다.

몽골의 1차 침입은 1231년에 일어났지요. 몽골의 칸
인 오고타이는 금나라를 정복하기 위해 그 배후에 있
는 고려를 견제하려고 살리타에게 3만의 군사를 주어
개경을 침공했습니다. 침공한 몽골군은 전쟁배상금과
인질을 조건으로 강화를 맺고 돌아갔습니다.

그러나 고려는 배상금을 지불하지 않고, 또 도읍을 강
화로 옮겨 항전의 태세로 돌입하자, 1232년 다시 살리
타는 기병 1만을 이끌고 고려를 침범해 왔습니다. 2차
침입이지요. 살리타는 이번에는 1차 침입 때와는 달랐
습니다. 개경과 용인에 이르기까지의 국토를 마구 유
린했습니다.

"아빠, 국토를 유린했다는 것은 어떤 것인가요?"

"응, 몽골인은 양을 기르고 양고기을 먹는 유목민들
이므로 전쟁도, 사람을 다루는 방식도 유목하는 방식
으로 하지. 그들은 어려서부터 말을 타고 말 위에서 활

진도 남도 진성

166

을 쏘고 말 위에서 협동으로 포위하고 짐승을 잡는, 그런 방식이 몸에 밴 사람들이지."

아빠의 설명은 계속됩니다. 따라서 그들은 말을 타고 이 마을 저 마을로 달리며 불을 지르고 말을 탄 채 집안으로 돌진하고 가축을 죽이는 등의 포악한 행동을 했지요.

"아빠, 그럼 사람이 무서워서 어떻게 살아요?"

그점을 노린 것이지요. 아빠의 이야기는 계속됩니다. 백성에게 공포감을 주어 공격의 효과를 크게 높이려는 것이지요. 그러나 고려의 장수들은 그런 몽골의 전략에도 위축되지 않고 용감히 싸워 용인의 처인성에서 살리타는 성주 김윤후가 쏜 화살을 맞고 목숨을 잃었습니다.

몽골의 2차 침입은 이렇게 끝나고, 성급히 강화를 맺고 물러 갔습니다.

몽골인의전통가옥–게르

# 몽골의 3차 침입

몽골의 3차 침입은 1235년에서 1239년까지 5년에 걸쳐 고려군과 싸웠습니다. 1234년에 금나라를 멸하고 남송과 고려와의 연합을 막기 위해 고려로 쳐들어와 고려를 완전히 굴복시키려 한 것이지요. 때문에 고려의 지휘부가 건전하게 존재해서는 안 되겠다고 여겨 강화도로 피신한 조정을 개경으로 돌아올 것을 강력히 요구하고 나섰습니다. 이를 재촉하기 위해 몽골군은 충청도, 전라도, 경상도의 경주까지 유린하며 국토를 초토화시켰습니다. 때문에 황룡사 9층탑 등 수많은 문화재가 불에 탔습니다.

"아빠, 왜 조정을 개경으로 옮기게 하려는 생각으로 전국을 초토화하고 문화재에 불을 지르나요. 그것이 왕이 강화섬에서 나오도록 하는데 도움이 되나요?"

"백성을 사랑하고 나라를 사랑하는 왕이라면 당연히 와서 몽골군의 그런 유린을 막아야지. 그러나 그때는

## 몽골과 테무친

몽골은 과거 흉노와 선비, 돌궐 등 많은 유목 국가가 세워지고 사라졌던 곳에 칭기즈칸이 부족을 통일한 뒤 아시아와 유럽, 중앙아시아 등을 정복하여 세계 유래가 없는 대제국을 건설하였습니다.

자신의 권력과 목숨을 유지하는 것이 더 중요하겠지요. 몽골군도 그를 알고 있으므로 더욱 백성과 국토를 유린했을 것입니다.

"그것은요....?"

"친아버지 같으면 남이 와서 자기 자식을 저렇게 때리는 데도 모른 척할 수 있겠니?"

실권자였던 최항은 그냥 이 전쟁이 빨리 끝나기만 바

9층탑-몽골의 침입때불탐

랐겠지요. 그는 다시 부처님의 힘으로 몽골군을 물리친다는 명분으로 강화도의 선원사에서 대장도감을 설치하고 팔만대장경을 조판하기 시작하여 12년만인 1248년에 완성했습니다.

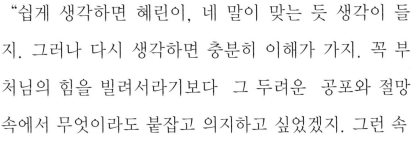

"아빠, 잠깐만이요. 몽골군이 전 국토를 유린하고 다닌다는 그 난리통에 한가하게 팔만대장경을 만들다니요. 그게 말이 되요?"

"쉽게 생각하면 혜린이, 네 말이 맞는 듯 생각이 들지. 그러나 다시 생각하면 충분히 이해가 가지. 꼭 부처님의 힘을 빌려서라기보다 그 두려운 공포와 절망속에서 무엇이라도 붙잡고 의지하고 싶었겠지. 그런 속

강화산성

몽골이의 싸움 모습

에서 가능한 방법이란 불심에 몰입하는 것이겠지요."

아빠는 잠시 쉬었다가 다시 이야기를 계속합니다.

"팔만 대장경을  만드는 당시 고려인들의 심경을 통해 보면 몽골의 침입을, 고려인들이 얼마나 두렵고 공포스러워 했나 하는 점을 엿볼 수 있지."

"그럼 그  심정은 불심이 아니라  두렵고 공포스러움 때문이란 말인가요?"

"그 모든 것 때문이겠지."

그런 환경과 마음 속에서 만든 대장경은 지금 세계적으로 유명한 문화유산이 되었지요.

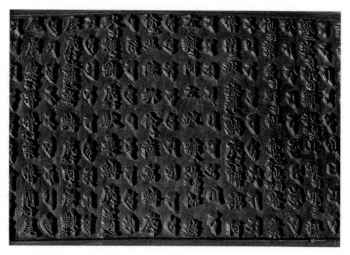

합천 해인사 대장경판 목판본

# 몽골의 4차 침입

그러나 몽골은 3년 뒤인 1235년 다시 쳐들어 왔지요. 몽골이 고려를 네번 째로 침입한 것은 1247년이지요. 몽골의 3대 칸이 된 정종 귀위크는 고려의 왕조가 강화에서 나와 개경으로 돌아올 것과 왕이 직접 몽골로 들어와 칸에게 인사를 드리라는 것이지요.

그러나 이는 고려로서는 받아들이가 어려운 조건입니다. 이에 몽골은 1247년에 아무간이 출병하였으나 몽골의 내분으로 곧 돌아갔습니다. 이것이 몽골의 4차입니다. 그러나 몽골은 2년 뒤 다시 쳐들어 왔으니 이것이 5차 침입이지요(1249년).

5차 원정 부대는 처음부터 고려를 파멸시키려는 듯 약탈과 방화, 살인을 주전술로 삼으며 침입해 왔습니다. 고려의 고종은 하는 수 없이 강화도에서 나오기에 이르렀고 왕자를 입조시키기로 하고 몽골군은 철수하였습니다.

강화도-월곶

길주

평양

벽제관

행주 ●한성

동해

금산

경주

담양 의령

담양 진주 부산포

명량 한산도

제주도

삼별초군의 항전

그러나 몽골로서는 여전히 고려의 태도가 마음에 들지 않았습니다. 고려의 왕자가 아니라 왕의 입조를 요구하는 것입니다. 이런 몽골의 요구를 고려가 받아주지 않자 몽골은 1254년에 침범하고(6차 침입), 다시 1257년에 일곱번째 침입을 하여(1258년), 고려는 결국 태자 왕전의 입조를 조건으로 몽골과 강화를 맺었으며 이렇게 하여 고려와 몽골은 30년을 넘게 끌어온 전쟁을 끝맺게 되었습니다.

처인성 전투
처인성은 경기도 용인시에 있으며 몽골의 2차 침입 때 몽골의 대장 살리타가 김윤후가 쏜 화살을 맞아 죽었습니다.

그 뒤, 고려의 태자가 몽골에 입조하러 중국으로 갔을 때 몽골의 헌종이 남송 정벌 중에 갑자기 사망하게 되는 일이 있었습니다. 그래서 고려 태자는 몽골의 황제 대신 황자인 쿠빌라이를 만나고 돌아오게 되었으며 이 두 세자는 각각 몽골의 황제(세조)와 고려의 왕(원종)에 오르면서 이때 갖게 된 좋은 느낌이 두 나라의 관계를 원만하게 이끌어 가게 되었습니다.

처인성

# 삼별초의 항전

이후 몽골의 황자 쿠빌라이는 황제에 오르면서 나라 이름을 원으로 바꾸고 도읍을 북경으로 옮겼습니다. 고려의 원종은 조정을 개경으로 옮기려 하였으나 최의의 무신정권을 이어받은 임연은 계속 강화에 머무르려 하여 서로 대립하게 되었습니다.

"아빠, 몽골과 대립하기도 힘들텐데 왜 서로 싸우나요?"

"속사정은 이렇지. 고려의 원종은 원(몽골)과의 우호적인 관계로 원의 도움을 받아 다시 복위되는 일이 있었지."

강진—백련사 대웅전

아빠의 이야기는 계속됩니다. 임연이 1270년 죽고 나자 무신정권은 임연에서 임유무에게 넘어갔으며, 그간 원나라에 잠시 갔던 원종이 돌아오면서 개경으로의 환도를 적극 추진하려 하자 임유무는 나가는 백성의 앞을 막으며 못나게까지 했으나 결국 임유무도 원종의

쿠빌라이 초상

배중손 사당-정충사

신하에 의해 죽임을 당하였습니다. 이로써 조정이 강화에 40년 가까이 머물러 있던 시대는 끝이 나고, 동시에 100년 가까이 이어오던 무신정권도 막을 내렸습니다. 그러나 배중손과 노영희 등은 삼별초와 야별초를 이끌고 계속 강화에서 떠나기를 거부하며 몽골군과 맞서기로 하였습니다.

삼별초는 본래 야별초라고 하는, 당시 나라가 어지러워진 틈을 타 백성을 괴롭히던 도적들을 진압하기 위해 조직된 군사집단이었으나 도적들이 전국 곳곳에서 일어나자 야별초 역시 도적들을 진압하기 위해 좌별초가 만들어 졌고, 또 잡혀 가다 탈출한 사람을 모아 신의군을 만들고, 이에 좌우별초를 합하여 삼별초가 된 것입니다.

그러자 고려 조정에서는 삼별초를 소탕하기 위해 강화에 군사를 보냈고, 배중손은 강화에서 저들과 맞서는 것은 어렵다고 보고 남쪽으로 이주를 결정하였습니다. 이들은 배를 모아 모든 장비와 병사들의 가족 그리고 식량과 살림살이까지 싣고 남쪽으로 떠났습니다.

진도 용장산성

이때 배의 수가 무려 일천 여 척이 되었다고 합니다. 이것은 당시 몽골에 저항하려는 고려인의 수가 그렇게 많다는 것을 뜻하기도 하지요.

"아빠, 수가 많은 이유가 무엇이지요?"

"두 가지 이유가 있다고 볼 수 있지. 하나는 고려인의 몽골에 대한 저항정신이 강하다는 것이요, 다른 하나는 그동안 몽골의 고려인에 대한 핍박이 얼마나 심했는가 하는 점을 보여주는 것이라고 볼 수 있지."

다시 아빠의 설명은 계속 됩니다. 남쪽으로 내려간 삼별초는 진도를 중심으로 하여 완도 및 남해를 활동무대로 삼아 고려군에 맞서 싸웠습니다.

삼별초가 남해에서도 특히 진도를 장악한 것은 당시 남쪽에서, 세금인 곡식을 조정에 바칠 때 반드시 지나야 하는 길목이기 때문에 고려로서는 타격이 큰 것입니다.

따라서 고려는 김방경을 전라도 추토사로 임명하고 원군의 아해와 함께 싸우게 했으나 삼별초에 의해 대패하고 물러나게 되었습니다. 이에 원나라와 고려의 연합군은 다시 병력 6천과 진도 부근의 병선 4백 여

진도 완도의 뱃길
진도와 완도 앞바다는 전라도 지방에서 송도로 쌀을 운반하는 길목으로서 정부에서는 중요한 요충지로 여기는 곳입니다.

척을 동원해 1271년 삼별초군을 공격하였습니다. 이 전투에서 삼별초군은 배중손 등 많은 병사가 죽고 살아남은 병사 천여 명만이 제주도로 건너가 저항을 계속했습니다. 이에 원군과 고려군은 다시 대군을 결성하여 제주도를 공격하였습니다. 이 전투에서 김통정 등 70여 명은 산속으로 도주하였다가 자결하였으니 이로써 40여 년에 걸쳐 몽골과 대항하던 고려의 항전은 막을 내렸습니다.

외규장각

# 쇠퇴기에 접어든 고려

원종이 1274년에 죽고 고려는 이후 다시 몽골에 저항하는 일은 없어졌습니다. 무신정권으로부터 정권을 되찾은 고려의 왕들은 몽골과의 혼인으로, 약해진 정권을 보완하려는 속셈이 있었으며, 몽골로서는 고려를 부마국으로 삼아 간접 통치하려는 의도가 서로 맞물려 부마국의 관계가 이루어졌던 것입니다. 이런 속셈이 고려와 원나라 공주와의 혼인으로 나타났으며 충렬왕으로부터 시작된 고려의 부마국화는 공민왕에까지 이어져 왔습니다.

요하와 요동지방

충렬왕은 태자로 책봉된 뒤 2년간 원나라에 들어가 살다 원 세조의 딸과 혼인하여 원의 부마가 되었다가 왕위에 오르고, 이후 충선왕은 고려보다는 오히려 원이 더 편안하게 느껴져 원나라에서 서신을 통해 나라를 다스리기도 한 왕이었습니다.

이때부터 고려의 왕들은 때론 몇 달을, 또 때론 몇 년을 몽골에서 살면서 나라보다는 개인의 안위만을 위해 살아가는 경우가 많았습니다.

"아빠, 왕이 그렇게 자신의 편안함만을 생각하며 살아가면 백성들은 어떡하나요?"

"물론 고려의 일부 왕도 몽골의 정책을 그대로 따르기만 하지는 않았지요. 그러나 그 의지가 너무 약했습니다. 또 몽골은 고려에게 많은 물자의 공납을 요구하며, 여기에 고려의 관리들은 개인의 욕심까지 더해 백성에게 더 많은 가죽과 창, 말, 곡식 등의 물자를 요구하므로 백성들의 삶이란 이루 말할 수 없이 어려워졌지."

"왜 이렇게 나라를 다스리나요 왕들이?"

고려의 충렬왕(25대) 때부터 시작된 몽골 황제의 딸들과의 혼인 관계는 공민왕(31대)까지 계속되었지요.

그때는 이미 몽골은 세계를 지배하는 거대한 제국으로 존재하고, 고려는 왕의 승계가 자신들의 주체적인 의지에 의해 이루어 지지 못하고 몽골의 간섭 속에서 왕위가 이어지다보니 고려의 세자들은 왕도에 대한 학습도 없이 왕이 되어 백성을 다스리고 있었지요. 이렇

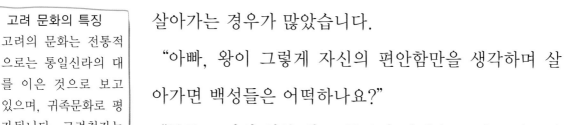

고려 문화의 특징
고려의 문화는 전통적으로는 통일신라의 대를 이은 것으로 보고 있으며, 귀족문화로 평가됩니다. 고려청자는 오늘날에도 세계적으로 유명합니다.

몽골인의 매사냥

직지심경

게 서서히 몽골의 통치 속으로 길들여 갔습니다. 따라서 고려의 왕 역시 통치자이면서 동시에 통치를 받는 자처럼 왕도를 잃어갔습니다.

몽골의 지배가 길어지고, 또 몽골에서 고려를 몽골화하려는 정책이 점차 강해져 복장도 몽골처럼 귀족과 평민이 차별이 되게 입어라, 머리도 몽골인처럼 바꿔라 하는 속에서 귀족들은 점차 몽골을 따라하려는 풍습이 생활 여기 저기에서 나타났습니다.

몽골은 지금도 매로 사냥을 하는 풍습이 있는데, 그때 고려의 귀족들은 이 매사냥을 따라하면서 개경 부근에는 갑자기 매사냥이 많아지기 때문에 사냥을 한 매가 자기 집이 아닌 다른 집으로 가는 일이 종종 생겨 매주인은  매의 꽁지깃에 이름표를 써서 소유주를 표시해 두었습니다. 이것을 '시치미'라고하는데  그런데 혹 누가 자기 매임을 주장할 때 '시치미'만 떼면 더 이상 시비가 생기지 않습니다. '시치미떼다'의 이 말은 지금도 '자신이 저지른 일을 완전히 부인할 때' 사용하지요.

# 실패로 돌아간 공민의 개혁정치

고려말 권문세족들의 폭정은 도를 넘었습니다. 이들은 권력을 이용해 조상대대로 물려받은 땅을 자기네 땅이라고 우기며 강제로 빼앗는다든지, 멀쩡한 백성을 죄를 묻는다고 강제로 끌고가서 몹시 매질을 하여 먼 곳에 버리고 그 토지를 강제로 몰수한다든지 하는 짓을 일삼아 그들의 부는 달마다 늘어나 농지를 셀 때 일상의 단위가 아닌 '이 산에서 저 산 골짜기까지'로 소유의 경계로 삼는 등, 엄청난 토지를 점유하는 귀족들이 늘어나고 있었습니다.

"아빠, 그런 무법천지 같은 일이 가능해요?"

그들은 고려에 관리로 있던 사람들로, 몽골의 강제 물자 조달이나 기타 협상을 하는데 고려의 이익보다는 몽골에 더 유리하게 협조하는 공으로 몽골로부터 정치적 보호를 받아오던 관리들이었지요. 그 외에도 몽골의 관리에게 매를 잡아 바치면서 그들의 신임을 받은

장군이 왜구를 물리친 곳
홍산 태봉산성

역관

역관은 통역관입니다. 그러나 역사에 등장하는 역관은 외국에서 사신이 오거나 또는 외국으로 가는 사신을 따라가는 통역관으로 그들의 역할이 크므로 권한 역시 큽니다.

사이거나 혹은 몽골의 사신을 따라다니며 통역을 하는 역관 등이 크게 부를 잡고 그 부를 활용하여 권력까지 잡은 권문세족이 되었습니다. 이들 권문세족들은 고려 조정의 요직에 포진하고 있으면서 국정을 마음대로 흔들었습니다.

이들 권문세족의 대농지 소유는 자연 농민의 몰락으로 이어졌으며, 뿐만 아니라 이들 특권층은 세금이나 부역도 전혀 부담하지 않으므로 그 역시 백성의 몫으로 돌아오게 됩니다. 따라서 개혁의 목소리는 조정의 여기저기서 나오지만 실행에 옮기기는 쉽지 않았습니다. 권문세족들은 대부분 친몽세력들이며 이들이 개혁을 정면에서 방해하며, 때로는 몽골에 알려 저지하기도 합니다.

이즈음 몽골로부터 돌아와 왕이 된 공민왕은 고려를 개혁하려는 의지가 누구보다 강했습니다. 그는 우선 몽골의 사정을 잘 알고 있었습니다. 대륙을 지배하던 몽골의 지배력은 피지배인의 저항이 점차 강해져가고 거기에 몽골의 내부 분열 조짐도 드러나기 시작하여,

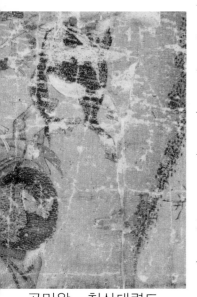

공민왕- 천산대렵도

원나라

• 함주
• 화주

• 개경

고려

왕이 수복한 영토

공민왕의 북진계획

몽골인의 대륙 통제가 어려워지고 있는 것을 몽골에서 확인한 공민왕인지라 이제는 고려의 잃었던 주권을 찾으려는 욕망이 끊어 올랐던 것입니다.

공민왕은 우선 원나라에 빌붙어 큰 권력을 누리던 자들부터 없애기로 생각하였습니다. 그러기 위해서는 고려의 내정에 사사건건 간섭을 했던 정동행성을 없애고(1356년) 쌍성총관부를 공격하여 몽골이 개입할 길을 막고 동시에 철령 이북의 땅을 되찾았습니다. 다음으로 여동생이 원나라로 시집 가서 황후가 된 기황후의 오빠 기철을 죽였습니다. 공민왕은 계속하여 원나라의 간섭으로 바뀐 고려의 옛 제도를 되살리는데 힘을 모아 백성들로 하여금 앞으로 몽골의 생활 풍습을 따라하지 못하게 하였습니다.

최무선 추모비-영천

**최무선의 화포 발명**
그는 경북 영천에서 경흥청
사를 지낸 아버지 최동순의
아들로 태어났습니다.(1325)
그의 성장기에는 왜구의 출
몰이 잦아 많은 피해가 있었
으며 이런 경험이 오히려 최
무선이 화포를 발명하게 된
계기가 되었습니다.

그러나 공민왕은 자신의 개혁 정책을 도울 수 있는 사람이 필요했습니다. 이에 적임자로 떠오른 사람이 중신돈이었습니다. 그는 불교 신도이며 따라서 정치적 협력자가 없었으며 따라서 누구의 눈치도 살필 필요 없이 개혁을 추진해 나갈 수 있기 때문입니다. 예상처럼 신돈은 불법으로 취득한 토지를 원래의 주인에게 되돌려 주며, 농장의 노비들은 그 이유를 따져 노비의 신분에서 벗어나 양민으로 돌려놓는 등의 개혁을 해 나가 백성들로부터 큰 환영을 받았습니다.

그러나 북쪽에서 일어난 홍건적은 원나라(몽골)에 쫓겨 고려로 침입해 들어 오면서, 고려는 다시 한바탕 전쟁에 휘말리게 되었습니다. 홍건적은 기세 좋게 압록강을 건너 개경을 향해 밀고 내려왔습니다. 따라서 공민왕은 이천을 지나 경상도 상주까지 내려가야만 했습니다. 공민왕은 여기서 전열을 정비하여 상장군 정세운에게 개경을 탈환하고 홍건적을 물리칠 것을 명령하였습니다.

다음해 정세운은 고려 군사 10만명을 이끌고 개경

몽골인의 전통복장

부근에 집결했습니다. 또 공민왕의 명령을 받은 이성계는 군사 5천을 이끌고 개경의 동문 쪽에 집결하였으며 최영은 서문 쪽으로 와서 집결했습니다, 이렇게 집결하여 일시에 공격하는 고려군에 홍건적은 혼비백산되여 달아나 압록강을 건넌 수는 불과 몇 백에 불과했다고 합니다. 이때 공민왕을 모셨던 시종공신 김용이 자신의 세력이 약화될 것을 우려해 정세운, 안우, 이방실, 김득배에게 연희를 베푼다고 거짓으로 알려 궁으로 불려들여 죽이고 친원파인 기씨 일당과 결탁하여 흥왕사에서 반란을 일으켰습니다. 이때 밀직사 최영, 지도 첨의사 안우경, 상호군 김장수가 군대를 이끌고 김용의 반란을 진압하였습니다. 이를 계기로 최영은 고려말의 새로운 영웅으로 떠오르게 되었습니다. 북에서 홍건적의 침입으로 홍역을 치루는 농안 남쪽에서는 왜구가 쳐들어왔습니다.

공민왕릉

왜구는 처음 500여척의 군선을 이끌고 진포(서천)로 쳐들어왔습니다. 그러자 고려군은 최무선의 권유로 만든 화포를 사용하여 물리쳤고 이때 이성계는 양광, 전

나전칠기

문익점 묘비

라,경상 순찰사로 있을 무렵 왜구가 함양과 황산에 이른다는 첩보를 받고 병사를 이끌고 기습공격하여 대승을 거두어 왜구는 더 이상 발붙이지 못하고 도주하였습니다. 이때 공민왕은 사랑하는 왕비 노국공주가 죽자 개혁의지가 많이 상실되어 신돈에게 정치를 위임하고 있었으나 신돈은 정치에 미숙함을 보여 권문세족들의 강력한 제거 요구에 신돈은 죽고 말았습니다.

노국공주의 죽음에 이어 신돈까지 죽자 공민왕의 정치에 대한 관심이 멀어졌고, 마침내 공민왕 역시 친원파인 최만생,홍윤 등에 의해 살해되었으니,재위 23년(1374년)이었습니다.

# 신진 사대부의 등장

문익점과 목화씨
익점이 원나라에 갔다 돌
오는 길에 목화씨를 붓대
넣어 몰래들여와 고향 산
에서 재배하였습니다. 그
장인은 실 짜는 기술을 가
쳐 면직물이 우리나라에
용 되었습니다.

목화꽃

한편 대륙의 정세는 많이 변하여 원나라는 초원으로 돌아가 북원으로 명맥을 유지하고 있으며 중국 대륙에는 주원장이 일으킨 명나라가 주인으로 등장하는 세대 교체가 이루어지고 있었습니다. 이에 고려 조정에서는 지금껏 몽골의 도움으로 권력을 잡아왔던 권문세족들은 북원과 도모하여 요동을 공격해야 한다는 친원파가 있고, 새로이 벼슬에 올라 중국의 성리학에 영향을 받은 신진 사대부는 공자의 유학을 좀 더 발전시켜 인간의 심성을 중요시하는 철학을 현실 정치에 실현하자는 학자들로, 이제 대륙에서 일어난 명나라와 교류를 주장하는 친명파들이 있습니다.

신진 사대부는 대개 지방 향리 출신으로 과거를 통해 중앙 정부에 진출했지만 권문세족의 힘에 눌려 자신의 주장을 제대로 드러내보지 못했었습니다. 그러나 권문세족들이 돈을 받고 관직을 판다든지 농민들의 토지를 강제로 수탈하는 등의 부정한 행동을 보아오면서 더욱더 도덕과 깨끗한 정치를 염원해 왔었습니다. 때문에 신진사대부들은 이런 부정한 문제들, 농지의 수탈과 매관매직, 공정치 못한 조세 문제 등의 개혁이 필요하다고 생각해오던 중이였습니다.

그런데 권문세족 외의 조정 중신 중에도 이런 개혁에는 대체로 동의하면서 방법에는 서로 다른 모습을 보였지요. 정몽주와 이색 등은 개혁은 하되 고려 정부에 지금까지 쌓여 있는 이런 문제를 하나하나 순리대로 해결하자는 온건 개혁파가 이에 속하고요, 정도준, 조준 등은 아예 고려를 무너뜨리고 새로운 나라를 세워 이런 문제들을 한꺼번에 고치자는 급진개혁파들입니다.

"아빠, 왜 이렇게 다른 생각들이 생겨나요?"

"두 생각 모두 옳다고 볼 수 있지."

아빠의 설명은 계속됩니다. 온건파들의 생각에는 개혁에는 반드시 저항 세력이 있고, 또 여러 장애들이 있는 법인데 이를 고려하지 않고 밀어붙인다면 개혁이 자칫 실패할 수도 있겠다는 점과, 개혁에서 희생되는 사람

목은 이색의 묘

화문석

홍건적
홍건적은 중국 원나라 말에 백련교도기 중심이 되어 일어난 농민반란군으로 머리에 붉은 띠를 둘렀다하여 붙여진 이름입니다.

들에게 물러설 자리를 만들어 주어 희생되는 사람의 수를 줄여야 하지 않겠느냐 하는 것입니다.

"아빠, 이런 분들은 대개 나이가 드신 분들이겠네요."

"그렇지, 그리고 성격이 침착하고 온화한 사람들이 대체로 이런 쪽에 서지요."

한편 급진 개혁파는 개혁이란 급격히 실행해야지 시간을 끌면 이로울 것이 없다는 생각을 가진 사람들이지요. 이런 사람들은 대개 젊은 사람이거나 무인들이 이에 속하지요. 또 이들 젊은 사람들은 성리학을 공부한 사람들이므로 고려에서 국교로 신봉해왔던 불교를 배척하고 유교를 가치 중심으로 삼으려는 생각을 가지고 있지요.

# 급진 개혁파와 고려의 유신들

"아빠, 다시 한번 지금까지 전개된 권력의 흐름을 정리해 주세요. 좀 헷갈려서요."

"그래, 이 계파 같은 분류가 앞으로 전개될 설명에 골격을 이룰 것이니, 다시 정리해 주지요."

고려말의 권력구조는 몽골의 세력을 업고 커 온 '권문세족'과 지방 향리 출신으로 관리가 되어 온 '신진 사대부', 이렇게 두 세력이 있지요. 그러나 고려말에 홍건족과 왜구의 침입으로 최영, 이성계 등의 무인세력이 등장하면서 권문세족의 힘은 약해지고, 또 부패한 고려 사회를 개혁해야 한다는 원성이 조정 안팎에서 높아지자 신진 사대부들은 큰소리를 내기 시작했습니다. 그러나 당시 신망이 높은 최영 같은 이들은 권문세족의 부패함에는 동의하면서도 급진적인 개혁을 한다든지 또는 원과는 멀리 하고 명과 가까이 하는 외교 관계에는 동의할 수 없었습니다. 이에 이인임 등 권문세족

**온건 개혁파**
온건 개혁파란 최영, 이성계, 정몽주 등으로 고려를 이어가며 개혁을 하자는 사람들입니다.

최영장군묘

문익점 비

세족은 최영을 끌어들여 신진 사대부의 개혁에 맞섰습니다. 그러자 신진 사대부의 한 사람인 정도전은 이성계를 찾았습니다. 그리고 이성계와 손을 맞잡고 부패한 고려말의 사회를 개혁하는데 함께 하기로 하였습니다. 이때 정도전을 비롯한 신진사대부는 아직 중앙정부에 기반이 약했던 이성계가 중앙 정부에 진출하는데 큰 힘이 되었습니다. 이렇게 하여 이성계,정도전, 조준 등은 친명 개혁파로, 그리고 이인임,염흥방 등은 다른 음모에 휘둘려 우왕에 의해 제거되니 최영은 친원 수구세력으로 우왕의 곁에서 최고 권력자로 남게 되었습니다. 이들 두 세력은 정책을 두고 자주 충돌했습니다.

당시 고려는 새롭게 중국 대륙의 강자로 등장한 명나라와, 중국의 북쪽으로 밀려난 북원, 이렇게 두 나라와 외교 관계를 유지하고 있었는데 명나라가 고려에게 북원과의 관계를 끊으라고 압력을 가해오는 상태입니다. 이에 최영을 비롯한 친원파는 명나라를 공격하여 요동을 점령하자고 주장하고

있으며, 이성계를 비롯한 친명파는 대륙의 새로운 주인은 명나라이며, 그러므로 소국이 대국을 공격하는 것은 옳은 생각이 아니라며 요동정벌에 반대하고 있습니다.

"이것이 당시 권력의 흐름이며 이 흐름을 염두에 두고 앞으로 전개되는 권력의 향방을 따라가면 이해에 도움이 될 것이다."

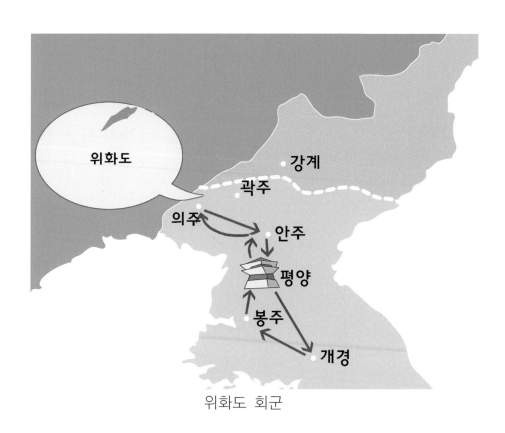

위화도 회군

# 위화도 회군

당시 원나라가 북으로 후퇴하여 북원이 되었고 요동에는 북으로 따라 후퇴하지 않은 몽골의 나하추가 주둔하고 있다가 북원에서 내란이 일어나자 명나라에 투항하고 요동은 주인이 없는 땅이 되었습니다. 이에 명나라는 주인 없는 요동을 차지하고 고려와 북원의 연결을 막기 위해 고려 북쪽에 철령위를 설치하겠다고 일방적으로 통보한 상태입니다.

이에 우왕과 최영은 요동을 정벌할 계획을 세우고 최영을 팔도도통사로, 조민수를 좌군도통사로, 이성계를 우군도통사로 삼고 요동 정벌에 나섰습니다(1388년).

5월 7일 위화도에 도착한 조민수와 이성계는 진을 치고 잠시 정세를 살폈습니다. 비가 쏟아지니 불어난 물에 당장 압록강을 건너기도 쉽지 않았습니다. 이러다가 요동에 이르러 보급은 끊기고 적을 만난다면 큰일이겠구나 싶었습니다. 이때 한 참모가 진언합니다.

193

**위화도 회군**

당시 요동정벌은 계획이 충분히 짜여져서 실행에 옮겨졌다기보다 우왕과 최영이 이성계의 비대해진 권력을 두려워하여 꾸며진 일이라는 설이 있습니다.

'승패가 확실치 않은 시기에 요동으로 건너가 승리를 하면 그것은 우왕과 최영의 공이요 실패를 하면 그것은 장군의 책임입니다.' 이성계는 그 말도 일리가 있다는 생각이 듭니다. 이성계는 조민수를 찾아 진군에 대해 진지하게 논의했습니다. 그리고 조민수와 회군을 결정하고 먼저 우왕에게 서신을 올렸습니다.

'여름비가 쏟아지고 활의 풀이 풀어지며 보급을 실은 마차는 진흙에 빠져 진격하기가 어렵습니다. 이런 상황에 군의 사기도 떨어져 요동에 도착하여 싸운다해도 이기기가 어렵습니다.'

이성계는 서찰을 우왕께 올리고 군사를 돌렸습니다. (5월 22일). 서경에서 이성계의 진격을 지켜보고 있던 우왕과 최영은 놀라 급히 개경으로 옮겨오고 전투 태세에 돌입했습니다. 개경으로 돌아온 최영은 막막했습니다. 군사를 요동정벌에 모두 보낸 최영은 군사를 모두 모아야 1천여 명에 불과했습니다. 개경에 도착한 이성계는 최영의 군사를 쉽게 물리쳤습니다. 그리하여 우왕은 강화도로, 최영은 고양으로 유배했다가 충주로

외국정벌하라고 보낸 군사가 말을 돌려 자기네 궁궐로 오면 어떨하지요?

옮겨져 그곳에서 참살당했습니다.

　우왕과 최영의 요동정벌은 이렇게 끝이 나니, 최영의 요동 정벌은 이성계의 현실론에 막혀 막을 내렸습니다. 이제 조정에서는 고려 멸망의 마지막 절차에 들어갔습니다. 우왕이 죽자 창왕이 그 자리에 올랐다가 마지막 왕인 공양왕(1389년~1392년)에 양위하였습니다.

　그리고 곧장 새왕조를 위한 작업에 돌입하였습니다.

　그들은 먼저 토지 개혁을 단행하였습니다. 그러나 토지개혁은 그리 만만치가 않았습니다.

　"아빠, 토지 개혁이란 무엇인데 만만치 않다고 하세요?"

　"응, 사실 토지 개혁은 매우 중요한 것이지. '토지'란 지금 용어로 표현하면 '농지'를 뜻하지. 이 농지는 나라가 소유하고 있는 것을 국가가 백성에게 나눠주고 이 농지에서 수확한 곡식의 몇 할을 국가에 세금으로 바치게 되어 있지."

　아빠의 설명은 계속됩니다. 여기서 중요한 것은 이 농지를 백성에게 얼마나 공정하게 나눠주고, 또 세금

양녕대군의 묘

박연폭포-개성부근에 있음

**두문동**

이성계의 조선 건국에 반대한 고려유신 72인이 개성 남동쪽에 있는 부조현에서 조복을 벗어던지고 끝까지 새왕조에 출사하지 않자, 이성계는 이곳을 포위하여 72명의 고려 충신을 몰살하였다고 전해집니다.

이곳사람들이 과거에응하지도 않고, 또 사회와단절하고 지내 두문동이라고 했답니다.

을 어느 정도로 거둬들이느냐에 따라 백성들의 삶이 얼마나 좋아지느냐가 달라질 수 있는 문제이므로, 나라의 정책 가운데 가장 중요한 것이지요. 그리고 지금이야 백성이 먹고 살 수 있는 직업이 많지만 당시에는 수입원이 농사뿐이므로 당시 백성에게는 농지에 삶의 모든 것을 걸 수밖에 없습니다.

"아, 그래서 토지가 몇 사람에 집중되거나 또는 반대로 어떤 계층이 농지가 부족하여 가난하다면 난을 일으키기도 하는 군요."

혜린의 말이 끝나자 아빠는 다시 설명합니다. 농지의 분배 문제는 오랜 옛날에서 오늘에 이르기까지 해결하기가 가장 어려운 문제이지요.

"그래서 과전법이 늘 해결하기 어려운 문제라고 하시는 군요."

"그리고 어느 나라이든 새로운 나라가 건국되면 제일 먼저 개혁하려는 것이 이 토지의 재분배이지."

"그 이유가 또 있나요.?

"새로 들어서는 나라는 백성의 신망이 있어야 통치하

기가 편리하니까요."

 아빠는 다시 설명합니다. 이 토지는 권력을 유지하면서 많이 축적한 사람, 그리고 부당한 방법으로 모아둔 사람의 토지를 빼앗아 다시 분배하는 일이니 어디 쉬운 일이 아니지요. 거기다 새로 분배하는 사람들의 이해관계도 있고요.

 이성계의 신진 사대부가 권력을 잡았음에도 권문세족의 토지개혁을 반대하는 수위는 보통이 아니었습니다. 신진 사대부는 무엇보다 권문세족의 토지를 빼앗아 농민에게 나누어 주려하니 극심한 반대는 당연하지요. 이는 한편으로 권문세족의 권력기반을 무너뜨리려는 신진 사대부의 속셈도 있습니다.

 이성계와 권문세족은 토지개혁이 원만히 이루어 지지 않자 그들의 토지문서를 몽땅 빼앗아 개경 한복판에 쌓은 후 불질러 버렸습니다. 이런 조치를 취한 뒤 세금을 내지 않던 토지는 국유지로 하고, 공전과 사전은 모두 세금을 매결당 10분의 1로 하고, 몰수한 토지는 직역자와 향리, 역관, 서리와 군인 등 하급관리에게

**역성혁명**
역성혁명이란 왕권을 가진 사람의 성을 바꾼다는 뜻으로 임금과 나라를 바꿔 새나라를 건설하는 것을 말합니다.

주었습니다. 또한 소작농이 지주의 땅을 경작할 경우 수확한 곡식을 서로 반으로 나누던 것을 줄여 경작자에게 수확이 더 돌아가게 바꾸었습니다. 그러자 역성혁명에 반대한 일부 온건 신진 사대부들, 새 왕조의 성립에 협조하지 않은 구신들은 재산을 잃고 고향이나 혹은 강원도 정선의 두문동에 모여 살면서 '정선 아리랑'을 남겼다는 이야기도 있습니다.

이규보 사당

태조 이성계의 릉

# 제6장

## 조 선

# 조선의 건국

이 일이 있은 뒤 온건파의 세력은 급격하게 꺾이고 정도전과 조준 등은 새 나라를 세우는 데 방해가 되는 온건파의 잔당을 제거하고 공양왕 3년(1392년) 4월에 이성계는 배극렴 등 중신들의 추대를 받아 새왕조의 왕으로 추대되었습니다.

이성계를 왕으로 추대한 정도전, 조준 등은 발빠르게 새나라 조선의 골격을 만들어 갔습니다. 그들은 내부 골격을 만든 다음 과전법의 세부 사항을 완수하였는데 그중 하나는 종전의 과전법은 국가로부터 하사 받은 토지는 본인이 죽으면 이를 다시 국가에 반납하게 되어 있는 것을, 공신에게 주는 공신전은 세습이 가능하게 하였습니다.

경국대전

또 다음으로 개혁하려는 것은 사병 혁파였습니다. 아직까지 남아 있는 공신들의 사병 소유를 중앙의 삼군부로 흡수하는 것입니다.

201

"아빠, 잠깐만이요. 사병혁파는 고려 건국 때도 있었던 일이 아닌가요?"

"그랬지."

아빠는 설명을 계속합니다.

그리고 사병은 애초에 권력이 있는 집안의 하인들이 맨손, 또는 간단한 도구들을 사용하여 그댁의 어르신을 경호하던 것이 점점 규모가 커지면서 사병으로 성장한 것입니다. 고려의 호족들이 거느리고 있던 사병들도 모두 이렇게 생겨진 것이고 이런 사병들은 사회가 안정되지 못할 때 일부 권력을 가진 사람이 자신의 안녕을 위해 노비나 몰락한 양인들을 규합하여 규모를 늘려 거느리게 된 것입니다.

그러나 나라에서 보면 개인들이 무력을 행사할 수 있는 군의 힘이 정부의 통제 밖에 있다는 것은 안정으로 가는 조선으로서는 용납하기 어렵지요. 이런 사병을 정도전 일파가 중앙군으로 흡수하려는 것은 옳은 조치라고 볼 수 있습니다. 그런데...,

아빠는 이야기를 잠시 끊습니다.

삼봉 정도전의 문필집

"그런데 왜요?"

지금 정도전이 추진하려는 사병 혁파는 왕자나 일부 공신들의 의심을 살만 하지요. 왜냐하면 이방원을 비롯한 왕자들은, 지금 중앙군을 장악하고 있는 정도전 등은 태조의 강력한 지지를 받고 있습니다. 따라서 사병이 중앙군에 흡수된다면 자신들은 완전히 정도전에게 백기를 드는 것이나 다름 없다는 생각이지요.

또 하나 정도전과 이방원은 개혁 초기에는 동지였으나 지금은 다른 길을 걷고 있습니다. 그것은 정도전과 이방원이 권력을 왕과 중신 중 누가 가지고 있어야 하느냐 하는 데서 생각이 다르기 때문입니다.

"아빠, 이게 무슨 말이에요, '권력을 왕과 중신 중 누가 가져야 하느냐'는 말이요?"

"나라를 다스릴 수 있는 힘을 권력이라고 본다면 그 힘을 왕이 갖느냐, 또는 중신이 갖느냐 하는 것이지요."

"옛날에는 당연히 왕이 갖는 것 아닌가요?"

"그런데 정도전의 생각은 그렇지가 않았지요. 국가가 오래도록 건강하게 가려면 나쁜 정치를 하는 인물은

선죽교

언제고 바뀔 수 있는 제도여야 건강한 국가로 될 수 있다고 생각한 것이지."

"그것이 그때에 가능한 제도인가요?"

"불가능 하지. 이제 막 근세사회에 진입한 사회에서는 가능하지가 않지요."

정도전은 아직 유학자의 사고에서 벗어나지 못한 듯하며 그리고 지금의 현실을 똑바로 보지 못한 듯합니다. 함께 조선을 건국한 공신 중에 이방원은 왕자이면서 성급한 기질의 무장이며 그 주변에는 유능한 무장들이 여럿 드나들고 있었습니다. 이런 이방원의 존재를 너무 가볍게 보고 있는 듯합니다.

"그래서 실패로 돌아간 것이군요?"

과전법을 도입하여 토지 개혁을 한 신진 사대부는 군제를 정비하여 군을 장악하였습니다. 그러나 개혁의 속도를 두고 온건 개혁파와 급진 개혁파 사이에 간극이 벌어지기 시작하였습니다. 온건파는 정몽주를 중심으로 새나라를 세우는 것에 반대하면서 고려의 부패를 개혁하자는 것이고 급진파는 새나라를 건국하여 새

정몽주 묘소

정몽주의 단심가

이 몸이 죽고 죽어
일백 번 고쳐 죽어
백골이 진토 되어
넋이라도 있고 없고
임 향한 일편단심이야
가실 줄이 있으랴.

로운 정치 체제 아래 정치 이념을 실천해 가자는 것입니다 이때 온건 개혁파인 조준, 정몽주 등은 새 나라의 건국을 막기 위해 근왕병을 모으며 반격을 준비하고 있던 차에 이성계가 해주에서 낙마하여 그곳에 머무르게 되자 조준, 정도전, 남은 등을 탄핵하여 관직을 삭탈하고 유배시켰습니다. 이후 이성계가 해주에서 돌아오자 정몽주는 이성계를 찾았는데 이때 이방원이 정몽주를 만나 그의 심정을 '하여가'를 불러 의중을 묻자 정몽준은 '단심가'로 대답을 하니 이방원은 정몽준의 마음을 더이상 확인 할 게 없다고 보고는 조영규를 시켜 돌아가는 정몽주를 선죽교에서 죽이게 하였습니다.

# 신진사대부의 정신

고려 후기부터 고려 사회에 닥친 무신정권의 반폭력적인 정치와 몽골의 침입으로 인한 무질서와 혼란, 그리고 승려와 권문세족과 결합하여 부패해진 불교는 신진사대부로서는 받아들일 수 없습니다.

"잠깐만요. 좀 천천히 설명해 주세요. 무신정권의 폭력적 정치, 몽골 침입으로 인한 무질서와 혼란 등의 뜻은 알겠는데 설명이 빨라지니 어렵게 느껴져요. 또 신진시대부가 향리 출신이라는 것도요."

고려에 무신정권이 한 100년 정도 지속되고 이어서 몽골의 침입이 있었으니 고려 사회는 거칠고 삭막해졌지요. 우리 민족은 농경민이므로 사회가 안정이되어 있어야 밭갈고 씨뿌리며 농사를 짓고 살 수 있으나, 그런 거친 사회 속에서는 농사도 힘들고 따라서 사는 것이 사는 것이란 생각이 들지 않지요.

그중에서도 일부 향학열이 있는 젊은이에게서부터

시골에 묻혀 공부만 해오던 사람들이 있었는데, 이들은 중국에서부터 일어나기 시작한 유학의 영향을 받은 사람들이 있었지요. 이들은 깨끗한 정치, 권력에 부패하지 않은 정지와 백성이 편안히 살 수 있는 사회가 오기를 바라던 사람들이었지요. 그중에서 일부는 더 적극적으로 자신들이 그런 사회를 만드는 데에 참여할 수 있다면 참여까지 하겠다는 생각들을 갖고 있었지요.

이성계 어전

이들은 또 불교의 폐단을 보아왔기 때문에 그 폐단을 다시 반복해서는 안된다고 생각하여 불교를 멀리하고 유교로써 사회를 바로 잡겠다는 생각입니다. 이것이 조선을 유교 국가로 만든 밑바탕이 된 것입니다.

"대충 이것이 신진사대부들의 생각이지."

아빠의 설명은 여기서 멈춥니다.

그러나 이방원은 이들과는 생각이 다릅니다. 그는 현실 정치가입니다. 그래서 정도전 및 그를 따르는 신진사대부와는 가려는 길이 같으면서 다르지요.

여주-고달사지

# 한양 천도

조선을 건국한 이성계는 한양을 옮기려 했습니다. 개경은 싫었습니다. 고려 유신들의 마지막도 그렇고, 일부 신진사대부 역시 수도의 이주를 간해 오고 있습니다. 그들은 아직 남아 있는 고려 유신들의 경제적 기반이 이 개경 부근에는 많이 남아 있으므로 나중이라도 다시 일어날 가능성이 있으니 수도를 옮겨야 한다고 주장합니다.

"아빠, '고려 유신들의 경제적 기반이 이 개경 부근에는 많이 남아 있으므로' 이는 무슨 뜻인가요?"

지금도 그런 경향이 있지만 옛날에는 토지란 그들 재산의 모두입니다. 그런데 같은 토지라도 도읍 부근에 있는 토지의 가치와 멀리 떨어져 산골에 있는 토지의 가치가 같을 순 없지요. 그래서 고려의 유신들의 토지가 많은 곳에 도읍을 그냥 두는 것보다는 아주 먼 곳으로 옮기는 것이 고려 유신들의 경제력을 약화시키는

것이기도 하지요.

거사를 하는 데는 경제력이 있어야 하지요. 군사를 움직일 때 가장 먼저 생각하는 것이 군량미와 무기입니다. 수도는 여러 신하의 의견도, 또 이성계 스스로 보기에도 한양이 적당해 보였습니다. 한양은 삼국시대부터 삼국 모두 탐해 왔던 곳입니다. 그래서 한강을 차지하는 나라가 삼국의 강대국으로 부상해 왔었습니다.

사직단–조선시대 제사를 지내던 곳

한양은 첫째 나라의 중심에 있습니다. 둘째 사방이 산으로 둘러싸여 있어 방어하기에 유리합니다. 셋째 한강이 흐르고 있어 조선의 여러 곳에서 물자를 나르기가 편리합니다. 이런 이유를 들어 중신 대부분도 한양이 새나라의 수도로서 적합하다고 합니다.

정도전은 한양 천도 이전 준비에 여념이 없습니다. 궁궐터, 사대문의 위치와 한양을 지킬 성곽 등을 정하였습니다. 그리고 조선의 위엄이 될 경복궁의 건립까지를 정하면서 바쁜 계획을 짰습니다.

# 왕자의 난

이성계가 왕위에 오르게 된 데에는 급진개혁파들의 공이 컸습니다. 이 급진 개혁파에는 신진사대부의 정도전, 남은, 배극렴 등과 이성계의 다섯째 아들인 이방원과 그를 따르는 무장들이었습니다. 그러나 이들은 이성계가 왕위에 오르자 주도권 다툼에 들어갔습니다. 정도전은 이성계의 절대적인 신임을 받으며 사병 혁파와 한양천도, 새조선의 제도 등을 주도적으로 진행해 나가자 이방원은 정도전을 더욱 경계의 눈으로 보게 되었습니다. 사실 이방원과 정도전과는 사사건건 부딪치는 일이 많았습니다.

정도전은 이성계가 세자 책봉을 하는 데도 간여했습니다. 이성계의 둘째 부인인 강씨의 막내 아들을 세자로 책봉하면 자신에게도 도움이 될 것이라 생각한 정도전은 세자 책봉에 진언을 하여 결국 방석이가 세자로 책봉되었습니다. 그러나 이방원은 조선의 건국에 공이 많은 자신을 세자로 책봉할 줄 알고 있었다가

**함흥차사**

이방원이 세자를 죽이자 이성계는 격노하여 그가 고향처럼 여기던 함흥으로 가니 이방원은 아버지를 모셔오기 위해 그곳으로 사자를 거듭 보냈으나 한 번 가면 오지 않자 그후로 멀리 심부름을 가서 돌아오지 않는 사람을 가리켜 '함흥차사' 갔다는 라는 말이 생겼습니다.

이복 동생인 방석을 세자로 앉히자 뒷통수를 맞은 격이 되었습니다. 이방원은 정도전을 그냥 두어서는 안 되겠다고 생각하고 음모론을 퍼뜨렸습니다. 그리하여 이방원은 정도전이 태조 이성계의 와병을 핑계로 왕자들을 불러모아 죽이려 한다는 음모설을 내세우고, 그의 측근인 이숙번, 조영무 등으로 하여금 정도전을 불러내 죽였습니다(1398년). 이어서 정도전의 측근인 남은, 심효생 등을 죽이고 내친 김에 경복궁으로 들어가 세자인 이방석 등을 죽였습니다.

실권을 장악한 이방원은 군사 조직을 측근 중심으로 바꾸고 이방과를 세자로 추대하였습니다. 이런 혈육상쟁을 눈앞에서 본 태조 이성계는 왕위를 세자인 이방과(2대 정종)에게 넘기고 함흥으로 내려갔습니다.

그러자 이성계의 넷째 아들인 이방간이 공신 책봉에 불만을 품고 박포와 함께 개경에서 난을 일으켰으나 실패하였습니다(1400년). 이것이 2차 왕자의 난입니다. 2차 왕자의 난까지 진압이 되자 정종은 이방원에게 양위를 하게 되었습니다.

# 태종의 왕권 확립

이방원은 정종으로부터 왕위를 물려받으니 그가 조선의 3대 왕인 태종입니다. 태종은 왕위에 오르자 왕권을 강화하는 조치를 먼저 했습니다. 물론 어느 나라건 개국 초기에는 왕권의 확립에 역점을 둡니다. 그러나 태종 이방원은 고려말에서 개국 초기에 이르기까지 안정되지 않은 왕권이 그 나라의 존립에 얼마나 큰 영향을 주는 지를 잘 알고 있었습니다. 태종은 왕권을 강화하기 전에 새조선의 조직을 탄탄히 하는 것이 먼저란 생각을 하여 우선 6조 수장의 직위를 정3품에서 정2품으로 높혀 왕의 친정체제를 강화했습니다.

또한 외척을 멀리해야 한다고 생각한 태종은 그가 왕자의 난을 성공적으로 이끄는 데 큰 역할을 했던 처남들을 큰 실수가 없었음에도 죄를 씌워 제주도로 귀양보낸 뒤 자진하도록 하였습니다. 그리고 측근 중에 아직도 사병을 거느리고 있는 이거이 등을 위험 인물로 보고 제거하였습니다.

아버지 이성계가 화를 낼 만도 하네요. 엄미는 다르지만 친동생을 죽이다니요.

"아빠, 처남이나 측근들은 태종 이방원이 아버지를 도와 조선을 건국할 때에도, 또 태종이 왕위에 오르게 하는 데도 행동을 함께한 동지와 같은 사람이잖아요. 그런 사람을 그렇게 모질게 할 수도 있는 거예요?"

"그렇지? 태종의 그런 점에서는 정도전과는 정치에 대한 생각이 완전히 다르다는 생각이 들지?"

아빠의 이야기는 계속됩니다. 정도전이 추구한 정치는 이상정치를 하려는 것이었고, 태종 이방원은 현실정치를 하는 것이지요. 정치란 그처럼 매정한 것인데 정도전은 이상에 치우친 생각을 하였던 것같습니다.

그리고 태종은 백성의 수를 정확히 파악하는 것이 조세나 군의 조직을 강화하는 데에 필요하다는 생각에 호적법을 정비하였습니다. 또 과거 여진족을 북으로 밀어낸 뒤 비어 있는 곳에 백성을 이주시켜 영토의 효율적인 이용을 꾀하였습니다.

이렇게 태종은 자신이 경험하고, 생각해 왔었던 문제뿐만 아니라 차후 자신이 왕위에서 물러났을 때의 일까지를 꼼꼼히 따져서 처리하였습니다. 태종은 이렇게 흔들림 없는 왕권의 통치를 추구하려 했던 것입니다.

끝으로 아직도 마음을 잡지 못하고 있는 양녕대군을 세자의 자리에서 폐하고 세째 왕자인 충녕을 세자로 책봉한 뒤 2년 뒤에 태종은 세자 충녕에게 양위를 하니, 그가 4대 세종대왕입니다. 그러나 태종은 세종에게 양위를 한 뒤 상왕에 있으면서도 세자가 아직 처리하기 어려운 국정을 계속 보았습니다. 그는 자신의 공을 과시하면서 아직도 나라의 통치에 협조하지 않는 측근들을 숙청하고, 병권과 외교 문제는 본인이 생존하기까지는 직접 관장하여 처리하였습니다.

태종의 이처럼 가혹한 숙청은 태종 사후 세종이 안정된 나라를 다스릴 수 있게 해 주었습니다.

"아빠, 잠깐만이요, 왜 태종의 숙청이 세종이 나라를 안정되게 다스릴 수 있게 되었다는 것이지요?"

"왕에게는 비정해도 단행할 일이 있고, 또 신하와 백성에게 사랑과 관용으로 해결할 일이 있지."

아빠의 이야기는 계속 됩니다. 그러나 이 두 문제는 동시에 할 수도 없을 뿐만아니라 한 사람이 두 일을 처

양녕과 충녕

양녕은 궁중의 엄격한 법도에 적응하지 못하고 풍류와 여색을 탐하다 임금 태종의 미움을 사 폐세자가 되어 광주에 가서 살게 되었습니다. 이후 태종은 세자 자리를 충녕이 이어받게 하니 이가 곧 세종대왕입니다.

사직단-정문

측우기

리하기 어려운 점도 있지요. 태종은 아들 세종을 위해 악역을 자처한 것입니다.

그래서 세종이 처리하기 어려운 문제들을 아버지가 해결해 줌으로써, 세종은 백성이 살기 편한 세상을 만드는 성군이 되기를 바랐겠지요. 그리하여 자신이 세상을 떠난 뒤에도 이룩하지 못한 훌륭한 나라를 만들어 후대에게 물려줄 수 있기를 바랐겠지요.

"임금에게도 그런 아버지가 있는 것은 행운이겠네요."

"후세의 사람들은 태종을 무서운 임금, 또는 폭군처럼 생각했을지 모르지."

아빠의 이야기는 계속됩니다. 사실 태종은 세종에게 나라 임금으로서의 마음과 아버지로서의 마음을 물려주려 했던 것인지도 모르지요. 그렇게 아버지의 엄한 마음과 자상한 다독거림이 아들 세종을 위대한 임금으로 만든 것이 아닐까 하는 생각이 듭니다.

# 위대한 왕 세종

상왕이 되었던 태종은 세종 6년 5월에 세상을 떠났으나 그의 현명한 판단은 세종이 백성을 위한 정치에 전념할 수 있게 했습니다.

세종은 현명하고 학식이 풍부한 임금이었습니다. 그리하여 임금이 할 일과 중신이 할 일, 그리고 백성을 위해서는 무엇을 해야 할 것인지를 알고 있었습니다. 세종은 학문이 뛰어난 학자들이 모여 경전을 연구할 수 있도록 집현전을 세워 함께 공부하고 서로 토론하도록 하였습니다. 그리고 가끔은 세종 자신도 이 모임에 나와 학자들과 함께 토론을 하기도 하였습니다. 세종은 나라의 규정과 제도는 유교 경전과 중국의 사서를 충분히 연구하여 그에 알맞게 고치도록 하였습니다. 또 농사일에 전념하는 백성들의 어려움을 살펴 농사에 필요한 날씨, 시기 등을 기록하여 때를 잃지 않도록 하였으며 그들에게 병이 오는 것, 치료 방법 등을 알 수 있는 서적들을 편찬하도록 하였습니다.

대학,중용,논어 ,맹자 대학 등 네 권을 중국의 사서라고 하며 이는 우주의 구성 원리 등을 다룬 철학적 내용이 대부분으로 한문을 공부하는 학자들에게 교과서처럼 읽혀오던 한서입니다.

217

혼천의-우주를 관측하기 위한 기구

또 농사일에 필요한 강우, 천체 등을 과학적으로 파악하기 위하여 측우기를 만들어 강우의 양을 정확하게 측량하게 하였으며, 이는 우리가 세계 최초의 발명이었습니다. 또 혼천의, 자격루 등을 만들고, 해시계와 물시계를 만들어 시간을 정확히 관측하게 하였으며, 파종 때를 넘기지 않도록 하였습니다. 그리고 병의 치료 방법 등에 관한 것을 서적으로 편찬하도록 하였습니다.

세종은 세금의 징수제도, 백성 사이의 갈등 문제를 해결할 수 있는 기준과 사사롭게 형벌을 가하던 당시의 제도를 바로잡아 나라 법에 의한 형벌 등의 규정을 세우게 하였습니다.

용비어천가

세종은 백성이 유교의 근본인 부녀자의 행실에 대해서도 다 알지 못할 뿐만 아니라, 배울 수 있는 책도 없는 것을 알고 있습니다. 또 나라에서 백성에게 알리는 형벌의 사항도, 이의 옳고 그름을 짐작할 수 있는 어떤 것도 백성에게 설명할 방법이 없습니다.

세종은 이런 임금의 뜻이나 나라의 시책을 백성에게 전달할 수 없는 불편함을 답답해 했습니다.

그리하여 그동안 집현전 학자에게 연구하도록 한 우리 글에 대한 문제에 더욱 집중하였습니다. 이를 위해 학자들은 번갈아가며 북경을 오가며 자료를 수집해 오고 관련 서적을 찾아보는 등의 노력을 해온 결과 드디어 세종 28년(1446년) 훈민정음을 반포하기에 이르렀습니다.

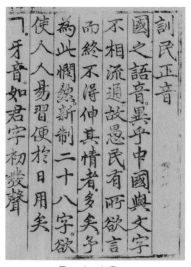

훈민정음

'우리나라 말이 중국과 달라 한자와는 서로 잘 통하지 아니한다. 이런 까닭으로 어리석은 백성이 말하고자 하는 바 있어도 마침내 제 뜻을 펴지 못하는 사람이 많다. 이를 가엽게 여겨 새로 스물여덟 글자를 만드니 모든 사람들로 하여금 쉽게 익혀 날마다 쓰는데 편하게 하고자 한다.'

한자는 표의문자, 즉 글자마다 각각의 뜻을 지니고 있는 글자입니다. 그래서 수 많은 글자를 배워도 모두 표현하기가 어려운 점이 있는 데 비해 한글은 표음문자, 즉 소리나는 대로 쓸 수 있는 글자로, 자음 14자, 모음 10자 모두 24자(당시에는 28자)만 있으면 모든 표현을 할 수 있습니다. 뿐만 아니라 한글은 입의 발성 모양까지를 글자에 그려 넣어 표현한 매우 과학적인 글자로 현재 세계적으로 그 우수성을 인정받고 있습니다. 그런데도 당시 사대 사상에 젖어 있는 사대부들은 한글은 천한 것들이나 배우는 글이란 뜻의 '언

표의문자와 표음문자
표음 문자는 소리로 내용을 나타내는 글자로 한글이나 영문자 같은 글자를 말합니다. 그리고 표의 문자는 글자가 가지고 있는 뜻으로 내용을 나타냅니다. 한자가 여기에 속합니다.

220

문' 이라고 폄하하였습니다. 처음 한글이 나왔을 때는 글자의 이름도 얻지 못하여 사대부들이 부르는 언문이라고 불리며 홀대 받았으며 세종이 만든 의도처럼 백성을 위해 사용하지를 못하였습니다.

또 이 시기에 이천, 장영실 등을 시켜 활자를 개량하여 만든 20여만 자의 갑인자는 글자체가 아름답고 선명하여 우리 문화가 중국의 모방이 아닌 우리의 독자성을 자랑하게 되었습니다. 세종은 국방에도 힘을 쏟았으니 남해와 서해안의 내륙까지 침입하여 백성을 괴롭히던 왜구를 소탕하였습니다.

처음에 훈민정음이 바포되었을 때 서민들은 벽에 양바들 욕을 했다고 해요

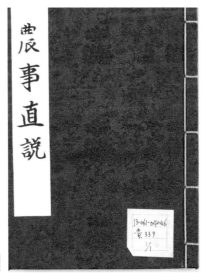

농사직설

세종은 1419년 이종무에게 병선 277척과 군사 1만5천여 명을 주어 왜구의 소굴인 대마도를 정벌하게 하였습니다. 그리고 그들이 다시는 우리나라를 침범하지 못하도록 부산과 남해안에 왜관을 설치하여 그들이 가져온 생선이나 가죽 등을 우리나라에서 생산되는 곡식과 바꿔가도록 하였습니다.

그리고 북쪽에서 아직도 국경을 넘어 노략질을 계속하는 여진족을, 1433년 함길도 관찰사 김종서가 이정옥 등을 이끌고 두만강 이북으로 몰아내고 그들이 다시는 국경을 넘보지 못하도록 두만강 유역에 6진을 설치하였습니다. 이로써 조선의 국경은 오늘날까지 압록강과 두만강으로 정해 지게 되었습니다.

세종은 일에 대한 욕심이 많은 임금이었습니다. 그래서 신하들은 그의 건강을 염려하여 여러 차례 일을 줄일 것를 건의했지만 세종은 고집을 굽히지 않았습니다. 결국 서른이 얼마 지나지 않아 풍병이 시작되었습니다. 현기증이 자주 나고 때론 다리가 흔들리는 경련도 있었습니다. 그러나 그가 벌려놓은 일이 많았습니다.

김종서 장군의 묘

여진

영주성
공험진성
진양진성
길주성
함주성
웅주성
복주성
숭녕진성
통태진성

동북 9성

최무선이 만든 화약을 싣고 발포할 수 있는 신기전차는 국방에 효과적으로 사용할 수 있습니다. 세종은 그 무기의 완성을 도와주어야 했습니다. 또 세종의 사후에도 조선은 건강하게 발전해 나가야 합니다. 자신이 모든 업무를 살피고 결제하던 친정체제를 일부 신하들에게 이관해야 합니다. 또 무엇보다 염려되는 것은 자신의 뒤를 이을 세자의 건강입니다. 세자는 영특하여 사물의 판단은 예리하지만 건강하지 못한 것이 흠입니다. 그런 아들에게 나라를 맡긴다는 것이 불안합니다.

"세종에게는 훌륭한 왕자들이 많았지. 세자로 책봉된 문종 외에도 둘째 수양대군은 성격이 할아버지 태종을 닮아 장부다운 면이 있었으

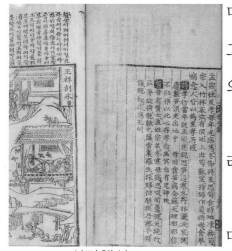
삼강행실도

며, 셋째 안평대군은 예술적 감각이 뛰어났으며 그 외에도 넷째 임영대군과 여섯째 금성대군 등의 왕자가 있었지."

"그럼 그중 뛰어나다고 생각이 드는 왕자를 골라 양위하는 것은 어렵나요?"

아빠는 설명을 계속합니다. 조선은 유교국가이며 따라서 장자 우선의 원칙이 있지요. 물론 태종처럼 첫째를 폐하고 셋째로 세자를 삼을 수도 있겠지만 그런 원칙이 자주 바뀌면 안되지요. 더구나 세종은 온화한 성격이므로 원칙을 따라 양위를 한 것으로 여겨져요.

세종은 이 후계 문제의 마무리를 세자인 문종에게 미루고 1450년 2월 54세를 일기로 세상을 떠났습니다.

최무선이 발명한 화차

# 어린 임금 단종

문종은 학문이 뛰어나고 판단력이 명석한 왕자였으므로 세종을 도와 많은 일을 했지만 건강이 나빴습니다. 또 그의 첫째 부인과 둘째 부인은 아버지 세종에 의해 폐위되고 셋째 부인이 낳은 아들이 세자로 책봉되었으며 이가 곧 단종입니다.

문종은 뒤늦게 세자로 책봉된 단종이 너무 어린 것이 마음에 걸렸습니다. 그리하여 혹시 어린 세자가 왕위에 오르게 된 뒤, 성격이 괄괄한 삼촌 틈에서 왕권이 흔들릴 지도 모른다는 생각에 부왕인 세종 때부터 곁에서 보좌하던 충신들로 하여금 그를 보좌하도록 당부했습니다.

단종은 어머니 현덕왕후가 단종을 낳고 일찍 돌아가시게 되어 아직 왕후를 들이지 못하여 곁에서 수렴청정할 어른이 없었습니다. 그러므로 하는 수 없이 황표정사란 제도를 만들어 신하들이 인사 등 주요한 일에

세종어전

관여하여 미리 결정을 하여 단종에게 올리면 단종은 그를 추인하는 방식으로 처리했던 것입니다. 그러나 왕실의 어른인 수양대군은 이와 같은 정무방식은 결국 신하들의 권한만 확대 할 뿐이니 옳바른 방식이 아니라고 여겼습니다. 또 수양은 세종시대에 약해졌던 신진사대부들의 권한이 단종을 앞세워 다시 강해지고, 따라서 왕실의 힘이 약해질 것이라고 여겼습니다. 이런 수양의 생각에 많은 왕실의 어른들이 동조하고 나섰습니다.

한편 문종의 간절한 부탁으로 어린 단종을 보살피고 있는 황보인과 김종서는 수양대군을 늘 경계의 눈으로 보고 있었습니다. 태종을 닮은 불같은 성격인 데다 그의 측근에는 홍달손, 양정과 같은 불량배들이 드나들고 있는 것을 알고 있습니다. 때문에 김종서와 황보 인은 위기의식을 느꼈습니다. 따라서 김종서는 집 주변을 함길도에서부터 따르던 무장들로 은밀히 지키도록 하였습니다. 그럴수록 그런 움직임은 수양대군의 귀에 들어가 수양과 김종서 양측의 긴장은 더해 갔습니다.

김종서는 세종 때 북쪽 함길도에서 여진족을 두만강 밖으로 몰아낸 용장인데다 지략 역시 뛰어나 세종의 총애를 받던 인물입니다. 이를 잘 알고 있는 문종은 김종서가 단종의 곁을 지킨다면 큰 위험은 없을 것이라 믿었습니다. 이 두 거인의 암투 같은 싸움은 하루하루 고조되어 갔습니다. 그러면서도 김종서는 수양이 언젠가는 자신을 제거하기 위해 공격할 것이라고 믿고 또 그러기 위해서는 반드시 선제공격을 해 올 것이라 생각하고 있습니다. 그것은 두 세력이 정면에서 맞붙는다면 수양이 불리할 것이라는 점을 수양 자신이 잘 알고 있을 것이라 믿기 때문입니다.

"아버지, 아버지께서 먼저 수양대군을 치시면 안 됩니까?"

김종서의 아들 승규가 불안한 나머지 아버지에게 의중을 묻습니다. 그러나 김종서는 대답이 없습니다. 설령 아들의 짐작처럼 자신이 당한다 해도 종친의 어른을 자신이 먼저 공격할 수는 없다고 생각하고 있습니다. 이런 김종서는 아들이 걱정입니다. 아들의 목숨을

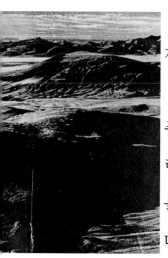

개마고원

227

보존할 길이 없어 보입니다.

긴장의 하루하루가 이 두 거인의 곁을 흐르는 동안 1453년 10월 수양은 양정과 임윤 등 및 명만을 이끌고 돈의문 밖 김종서의 집으로 향했습니다. 초저녁 달이 아직 밝지 않은 저녁입니다. 김종서와 아들 김승규가 황급히 나와 수양의 일행을 맞았습니다. 수양은 김종서의 아들에게 임금의 서찰을 가져왔으니 읽을 수 있도록 불을 가져오도록 안으로 들여보낸 뒤, 김종서의 시선이 서신으로 돌릴 때 수양의 무장이 김종서에게 철퇴로 가격했습니다. 아들 김승규는 칼에 맞았습니다. 그리고 미리 약속 된 무사들은 궁궐로 향했습니다. 궁궐에 들어선 이들은 어린 단종을 위협하여 수양은 미리 살생부에 적어두었던 신하들을 모두 죽였습니다. 이를 계유년에 일어났다 하여 '계유정난'이라고 합니다.

단종이 왕위에서 물러나자 이를 복원시키려는 운동이 여기저기에서 일어났습니다. 이렇게 하여 정권을 잡은 수양은 영의정과 병조판서 등 실권을 모두 잡았습니

의절사-사육신의 위패를 모신 곳

사육신
사육신은 세조를 몰아내고 단종의 복위를 꾀하려다 사전에 발각되어 죽음을 맞이하게 된 충신들로 성삼문, 박팽년, 유흥부, 이개, 하위지, 유성원 등 6명입니다.

다. 그리고 수양은 일 년이 지나 단종을 폐위하여 영월로 귀양 보냈다가 17세의 나이로 죽음을 맞게 합니다. 이렇게 하여 왕위에 오르니 수양은 조선의 7대 임금이 되었습니다.

사육신묘

# 단종의 복위실패와 훈구정치

세조는 정권을 잡고 이를 공고히 하기 위해 이에 반대하는 어떤 세력도 용납하지 않았습니다. 세조가 왕위에 오른 뒤에도 단종을 복위 시키려는 움직임은 여러 곳에서 나왔습니다. 세종의 은혜를 입은 집현전 학사들은 신하가 임금을 폐위하고 왕위를 빼앗는 것은 있을 수 없는 불충이라 하여 세조을 폐하고 단종을 복위시키려고 창덕궁에서 있을 명나라 사신을 환송하는 연회에서 세조를 죽이려는 계획을 세웠다가 들통이 났습니다. 이 사건으로 세조는 주동자 유응부, 성삼문, 박팽년, 하위지, 이개, 유성원 등 사육신 여섯 명을 포함하여 70여 명을 죽였습니다. 또 이들 외에도 세조의 치세 중에는 벼슬을 하지 않고 절개를 지키겠다고 하는 김시습, 원호 등 여섯 명을 생육신이라하여 후세인은 그들의 절개를 기렸습니다.

또 북쪽에서는 이징옥이 세조가 왕위에 오른 것에 반

**훈구정치**
세조는 그의 왕위의 정당성을 부정하는 가운데 정권을 잡고 정치를 하였기에 그를 지지하는 측근들을 모아 놓고 정치를 하였습니다. 이를 가리켜 훈구정치라고 합니다.

230

대하여 난을 일으켰다가 실패하였습니다.

연이은 단종 폐위에 반대하는 운동은 오히려 세조로 하여금 그의 정권을 공고히 하는 구실을 만들어 주었습니다.

세조가 왕위에 오르는 데 공이 큰 신하들을 주요 관직에 앉히고, 아직 단종을 복위시키려는 학사들의 뿌리가 남아 있는 집현전을 폐지하고, '사헌부와 사간원' 등의 기능을 축소시켰습니다. 세조는 이처럼 반대세력을 물리치고 측근들을 요직에 앉히는 측근 정치를 하였습니다.

이런 세조의 측근 정치는 결국 권력의 독점을 가져오고, 그것은 부정부패로 이어지게 되었습니다. 이런 측근들의 중심으로 한 정치 풍토는 훈구세력을 만들고 이는 훗날 수많은 폐단을 가져오게 됩니다.

"아빠, 잠깐만이요. 훈구세력은 뭐예요?"

"훈구세력, 훈구파는 세조가 단종을 폐위시키고 죽임에 이르게 할 때 이에 반대하는 많은 세력들이 일어났고 이런 일이 재발하지 못하게 하기 위해 강압정치

월 청령포 단종 유배지

노산군

양대군의 계유정란으로 왕에서 폐위되어 영월의 청포로 유배간 단종을 노산으로 추봉하였습니다. 이 숙종에 이르러서야 묘호 단종으로 하였습니다.

231

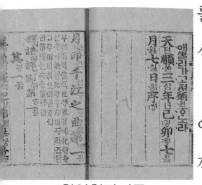

월인천강지곡

를 했지. 그러기 위해 자신이 왕권을 잡는 데 공이 많은 신하들을 중용하여 그들을 중심으로 정치를 해 왔지요."

아빠의 설명은 계속됩니다. 이들에게는 공이 많다하여 토지를 많이 주었습니다. 그리하여 권력과 경제력까지 갖춘 공신들은 거칠 것이 없었지요. 웬만한 나라일은 주저 없이 처리했습니다.

본래 조선은 '의정부서사제'라는 것이 있어 육조에서 나랏일을 의정부에 알리면 의정부에서는 중요하지 않은 나랏일은 의정부에서 처리하고 중요한 일만 왕에게 올려 처리합니다. 그러나 이렇게 왕과 신하가 함께 나랏일을 처리하던 방식을 없애고 '육조직계제'로 바꾸어 왕과 육조의 수장이 대부분의 정사를 처리해 나갔습니다. 이러면 중요한 자리였던 의정부에서는 할 일이 없게 된 셈입니다. 그러므로 육조의 권한은 강화되고 일부 중신이 모여 나랏일을 처리하는 격이 되었습니다. 그리고 세조가 세상을 떠나자 세자인 해양대군이 왕위에 오르니 이가 예종입니다.

예종은 병약하여 왕위에 오른지 1년 여 만에 죽으니

경국대전

그때 나이 스무살이었습니다. 그러나 여기에 문제가 있습니다. 너무 급히 죽었기에 미처 세자를 정해 놓지 못한 것입니다. 그리하여 세조의 왕비이자 예종의 어머니인 정희왕후는 열세 살인 자산군을 왕위에 앉히고 스무 살이 될 때까지 수렴청정을 하였습니다.

"잠시만요. 수렴청정이란 무엇인가요?"

"수렴청정이란 왕이 아직 나이가 어려 국정을 해나가기 어려울 때 집안의 어른이 왕의 뒤에서 국정을 대신하는 것을 말하지요."

"그럼 왕은 허수아비인 셈이네요?"

"그런 셈이지. 그렇게 하기 위해 되도록 어린 왕자를 왕으로 앉히려 일을 꾸미기도 하지. 자산군을 왕으로 앉힌 것도 그 때문이지."

이런 조건들은 측근들이 정치를 하기 좋은 조건이지요. 훈구세력은 이런 조건 속에서 급격히 성장했습니다. 권력이란 집중되면 부패하는 것이고, 또 같은 생각을 갖고 있는 집단들은 그 동류집단의 잘못을 보지 못하는 것이 약점입니다.

# 성종의 선정

성종이 스무 살이 되어 직접 나랏일을 보게 되면서 훈구파로부터 왕권을 지켜내기 위해 혼자 맞서지 않고 사간원과 사헌부의 직무를 활용하기로 한 것입니다. 사헌부는 관료들의 잘못을 왕에게 고하여 처벌하도록 하는 기관으로, 오늘날의 감사원과 유사한 기관으로 육조에서 본 국정에 잘못이 있나 살피기도 하고 어디서 잘못된 업무를 적발하는 상소가 오면 그의 잘잘못을 따져 임금에게 보고하기도 합니다. 사간원은 임금을 포함한 모든 대신들의 잘못을 임금에게 고하는 언론의 역할과 비슷한 기관입니다.

조선에 들어오니 갑자기 학자들이 많아진 것 같아요. 학자의 나라가 되었나요?

성종은 이들 기관에서 일할 관료들은 젊은 사림파를 등용했습니다.

"잠깐만요. 사림파를 어디서 들은 듯한데 다시 설명해 주시겠어요?"

"이 사림파니 훈구파니 하는 이야기는 앞으로도 자주

김시습 영정

김시습

랑시인 김삿갓으로 우리에
 잘 알려진 김시습은 무인
 집안에서 태어났으며 일
부터 영특하여 장래가 촉
되었으나 부모님을 일찍
위고, 본인 역시 건강과 결
 생활이 순탄치 못했습니
. 세조의 단종 폐위에 급제
 아니하고 승려의 모습으
 전국을 방랑하다가 47세
 나이로 세상을 떠났습니
. 많은 시를 썼으며 우리나
 최초의 소설인 '금오신화'
 남겼습니다.

나올 것이고 이 집단들이 일으키는 문제는 조선의 역사
에 많은 영향을 주므로 여기서 알고 가는 것이 좋지요."

사림파의 출발은 좀더 과거로 올라갑니다. 고려말의
정치적 혼돈기에 개혁에 앞장선 급진 무장들과 한패였
던 신진 사대부의 한편이였지만, 새 나라의 건설에 반
대하다 조선이 건국되자 고향으로 돌아가 학문에만 열
중하면서 후학 양성에 열중했던 이색 등 선비들에 뿌
리를 둔 것이지요. 이들의 강점은, 현실 속에서 권력
을 탐하지 않고 바른 길을 간다는 이념에 있습니다.

"그럼, 언젠가 말한 이상정치를 하려는 사람들인가요?"

비슷하지요. 그들이 보기에 훈구파는 서로 결속하여
자신들의 이익만을 추구하는 사람들로 밖에는 안 보이
지요."

"그 두 세력은 생각이 너무 달라 많이 충돌하겠네요."

"이 두 세력의 큰 원칙이 백성과 나라의 안위에 있다
면 오히려 발전적인 방향으로 이끌고 가겠지만. 개인
이나 자기 집단의 이익에 몰두한다면 나라는 혼란 속
으로 빠지겠지요."

성종이 즉위하면서 직전제를 폐지하고 관수관급제를 실시하여 백성의 부담을 덜어 주었습니다.

"아빠, 직전제는 대충 알아요. 그런데 관수관급제는 또 뭐예요?"

"직전제는 공이 있는 신하에게 토지를 주어 토지서 나오는 수확물의 절반을 갖도록 하는 제도이지요."

그런데 토지는 한정되어 있고, 공이 있는 신하는 시간이 흐르면서 계속 나오다보니 결국 백성들의 생활만 점점 어려워지게 되었지요. 성종은 결국 직전제를 관수관급제로 바꾼 것입니다. 관수관급제란 관리의 급료를 토지로 주는 것이 아니라 백성으로부터 곡식을 받고 그 곡식의 일부를 급료로 주는 제도입니다. 이렇게 하여 공이 있는 신하에게 가는 곡식의 양을 줄이는 대신 백성의 부담을 덜어 주었습니다.

이 무렵 개국초부터 시작한 '경국대전'이 완성되었죠. 경국대전은 나라를 다스리는 큰 법전이라는 뜻으로 조선을 어떤 이념으로 어떻게 다스릴 것이라는 중요한 법의 원칙에서부터 세부 사항까지를 기록한 책입

성종과 정현왕후의 능

니다. 그리고 성종은 유학을 부흥시켜 백성을 올바르게 이끌려는 노력을 많이 한 임금입니다. 또 훈구파와 사림파의 세력이 균형을 이루도록 하여 생각을 달리하는 두 권력이 충돌하지 않고 조화를 이루어 나가도록 하였습니다. 그리하여 성종이 다스리던 시절은 나라가 조용한 태평한 시기였습니다.

그러나 성종이 죽으면서 나라의 방향은 성종이 의도한 곳으로 향하지를 않았습니다.

> **소수서원**
> 소수서원은 우리나라 최초로 임금이 이름을 지어 내린 사액서원이자 사학기관입니다.

소수서원

# 무오사화

그것은 훈구파와 사림파의 대립구도에도 영향이 있겠지만 성종의 가족사에도 있습니다. 성종에게는 3명의 왕비가 있으며 10명의 후궁을 두었습니다. 그 사이에서 대군 2명과 공주 2명 그리고 군 14명과 옹주 11명이 태어났습니다. 그 중 첫 번째 부인은 얼마 뒤에 자식 하나 없이 죽자 성종보다 나이가 위인 숙의 윤씨를 왕비로 맞아들였습니다. 왕비가 된 윤씨는 얼마 뒤에 연산군을 낳았습니다. 그러나 윤씨는 시기심이 워낙 많아 성종의 얼굴에 상처를 내어 결국 폐위되어 궁 밖으로 쫓겨났다가 성종이 내린 사약을 먹고 죽임을 당했습니다(1482년). 이 사건은 후에 세자가 왕위에 올라 연산군이 된 뒤 어머니 윤씨의 폐위 사실을 알게 되면서 뒤에 갑자사화가 일어나게 되는 계기가 되었습니다.

1494년에 성종이 떠나자 연산군이 왕위에 오르게 되었습니다. 연산군이 왕위에 오를 당시 조선은 사헌부와 사간원의 권위가 높았던 시기입니다. 여기에 홍문

### 폐비윤씨

폐비윤씨는 성종의 후궁으로 간택되어 숙의로 봉해졌다가 왕비로 책봉됩니다. 그러나 윤씨는 질투가 많아 임금의 얼굴에 상처를 내고 폐비가 되어 궁에서 쫓겨나고 뒤이어 사약이 내려져 죽게 됩니다. 이 사건은 훗날 출산한 왕자가 왕(연산군)이 알게 되면서 궁중에는 큰 회오리를 불러오니 이것이 무오사화입니다.

관을 포함한 삼사의 위상은, 의정부를 비롯한 육조와 힘의 균형을 잘 이루어 나갔습니다. 이런 정치는 보기에 따라서는 실행보다는 말들만 많은 정치처럼 보일 수 있습니다. 연산군은 이런 점이 싫었습니다. 그보다는 왕의 명령에 일사천리로 움직이는 그런 조정의 모습을 보고 싶었습니다.

"아빠, 연산군이 아직 나이가 어려서인가요. 아니면 성격 때문인가요?"

사실 생각이 서로 다른 두 집단이 서로 이해하고 조정하면서 국정을 해 나간다는 것이 생각이야 좋지만 실제는 무척 어려운 법이지요. 그것은 힘이 어느 한쪽으로 기울어져도 균형은 무너질 수 있어서 그 중심에 현명한 임금이 있지 않으면 조정은 혼란에 빠질 수 있지요.

연산군은 어떻게 해서든 삼사의 힘을 빼려 했습니다. 연산군의 의중이 이런 때에도 삼사는 아랑곳하지 않고 외척의 등용과 불교 의식의 하나인 '수륙제'의 시행 등에 대해 끊임 없는 상소를 올렸습니다. 또 이런 때에 연산군의 심기에 불을 지피는 일이 있었습니다.

연산군 묘

광해군일기

그 출발은 유자광이 연산군에게 은
밀하게 고하면서 시작되었습니다. 김
일손이 '사초'를 작성할 때, 수양대군
의 왕위 찬탈을 비난하는 〈조의제문〉
을 인용한 일이 있는데 그것이 빌미
가 되어 두 집단은 죽기살기로 싸웠
습니다. 때문에 많은 중신과 선비들
이 죽어나갔습니다.

이런 정치의 모습은 성종이 바랐던
두 집단이 서로 조화롭게 토론하며 합
의를 도출해서 나라를 이끌어 나간다
는 것이 얼마나 무너지기 쉬운 허상임
을 보여주는 것 입니다.

수표교-당시의 수표교를 다시 그린 모습

# 갑자사화

왕권이 강해지자 연산군의 잘못을 지적하는 신하는 하나도 없게 되었습니다. 오히려 연산군의 비위를 맞춰 자신의 안위만 탐하는 신하만 늘어났습니다.

그럴수록 연산군은 사치와 향락에 빠지고 왕실의 곳간은 비어갔습니다. 그러나 조정에서는 이런 연산군의 행동을 바로잡으려는 사람보다 연산군의 마음을 얻어 자신의 영달을 얻으려는 사람이 더 많았습니다.

조광조 신도비

임사홍은 성종 때 관직에 올랐다가 별 실력을 보이지 못하고 물러났던 인물로 이번 기회야 말로 자신이 출세할 길이라고 여겨 틈만 있으면 연산군에 접근하여 기회를 얻으려 했다가 마침내 연산군에게 폐비 윤씨 이야기를 고했습니다. 연산군은 그러지 않아도 돌아가신 어머니에 대한 막연한 궁금증이 있었는데, 그 전말을 듣고나니 통곡을 할 노릇이었습니다.

연산군은 자기를 낳은 후궁윤씨가 임금에게 버려져 1479년 왕비에서 폐해져 궁 밖으로 쫓겨나게 된 뒤 연산군이 왕위에 오른 뒤의 일을 염려하는 중신들의 진언에 의해 마침내 윤씨를 죽이기에 이르렀다는 것까지 연산군에게 고했습니다. 그러므로 연산군은 생모 윤씨가 신하들의 모함에 의해 사약을 먹고 죽었다는 사실을 알고는 이에 가담한 사람을 모두 처단하였습니다. 이때 처단된 사람이 무려 230여명, 이로 인해 목숨을 잃거나 부관참시 당한 사람이 모두 120여 명이나 되었다고 합니다.

이 때문에 훈구파는 자연스럽게 제거되고 임사홍과 신수근이 중앙권력을 장악하게 되었습니다.

중종의 능

# 중종반정

연산군의 폭정은 점점 심해지고 백성들의 마음은 연산군에게서 떠나가기 시작했습니다. 그러나 연산군은 아랑곳하지 않고 오락과 향락에만 빠져 있었습니다. 또 사냥도 즐겨 말을 기르는 관청을 따로 둘 정도로 수많은 말을 기르게 하였습니다. 그리고 사냥터를 위해 민가를 헐어 사냥터를 만들기도 하였습니다. 그러니 백성들의 생활은 더욱 어려워졌습니다. 일부 신하들은 임금의 비위를 거슬리지 않으려 열심히 맞장구를 쳤지만 대부분의 신하들은 불안했습니다. 백성이 등을 돌린 정치가 오래가지 않음을 알고 있기 때문입니다. 이에 몇몇 대신들은 대책을 의논하였습니다. 그중에서도 박원종과 성희안, 유순정 등이 주동이 되어 적극적으로 움직였습니다. 여기에 연산군의 신임을 받고 있던 신유무 등의 호응을 받아 연산군을 몰아내는 거사를 단행했습니다. 이것이 중종반정입니다. 이들은 연산군의 비위만 맞춰오던 임사홍, 신수근 등을 죽이고 연산

**중종반정**
연산군의 폭정이 심해지자 성희안과 박원종은 신망이 높은 신윤무 등을 끌어들여 사냥에서 돌아온 연산군을 폐위하여 강화로 유배 보내고 진성대군을 왕으로 옹립하니 이가 중종입니다.

군을 폐한 뒤 연산군의 이복동생인 진성대군을 왕위에 앉혔으니 이가 중종입니다. 이렇게 하여 연산군의 시대는 막을 내리고 사치와 방탕으로 백성과 신하로부터 원성을 샀던 연산군은 강화로 귀양 보내졌다가 그해 세상을 떠났습니다. 공신들에 의해 왕이 된 중종은 초기에는 힘이 없었습니다. 따라서 초기의 논공행상은 공신들이 주도했으며 이들은 지나치게 많은 사람을 공신 대열에 넣었으며 이후 반정공신의 중심 역할을 했던 박원종, 유순정, 성희안 등이 중종 즉위 10년이 못되어 모두 죽는 바람에 중종의 왕권은 점차 회복되었습니다. 중종은 삼사 중 하나인 홍문관의 기능을 강화하고 잘못된 공신책정을 바로 잡았습니다.

이 과정에서 중종은 훈구세력 일색이던 신하에 사림파를 넣어 사림세력과 훈구세력과의 균형을 맞췄습니다. 이때에 사림파의 한 사람인 조광조를 등용하게 되었습니다. 이것이 조광조가 정계에 들어오게 된 계기가 되었습니다.

중종은 왕도 정치를 꿈꾸었습니다. 그리하여 '춘추과

조광조
조광조는 중종 반정 후 조정에 들어가 유교적 이상정치의 실현을 이루려 하였으나 공신세력의 반격으로 오히려 화를 당하였습니다.

시'를 엄격하게 시행했고 '사가독서'를 철저하게 지키도록 하였습니다. 조광조는 무오사화 때 유배되었던 김굉필에게 성리학을 배웠습니다. 중종 5년 성균관으로 들어간 그는 사간원이 되면서 조선 사회에서 제일 먼저 시행해야할 것은 미신타파라고 주장합니다. 미신을 믿고 현실에 대한 정확한 이해가 부족하면 임금님이 아무리 올바르게 이끌려 해도 가능하지 않다고 생각했습니다. 따라서 당시 한창 믿고 있는 소격서를 폐지하였습니다. 소격서란 하늘과 땅, 별에 제사를 맡아보는 관아였는데 이는 사람의 마음을 현혹시키는 것이라며 이를 폐지하였습니다.  또 대사헌이 된 조광조는 현량과를 실시하여 전국에 있는 학자들을 나이에 상관없이 고루 등용했습니다. 반면에 특별한 공이 없으면서도 나라의 녹을 받아먹는 관리를 내보내거나 공신을 삭제하였습니다. 그러나 훈구파들은 이를 그냥 넘길 일이 아니라고 여겨 신진파를 공격하고 나섰습니다.

"잠깐만요. 다시 신진세력과 훈구세력의 충돌인가요."

신진사대부들의 훈구파에 대한 공격인 셈이지요.

# 기묘사화

신진세력이 언제나 그랬던 것처럼 사회의 그릇된 것을 개혁하려 했던 것이지요. 그런데 방법이 과격하고 급진 적이었습니다. 그러니 상대 세력은 자신들이 살기 위해 서도 반격을 하겠지요. 이렇게 되면 사회를 개혁하려는 의도는 어디로 가고 죽느냐 사느냐의 싸움으로 가기 쉽 지요.

사회를 개혁한다는 것은 상대를 좀더 설득하고 이해할 수 있는 시간을 주고 따라올 수 있도록 하는 배려가 필 요하지요. 이처럼 자기 주장이 강하면 충돌은 언제나 있는 법입니다. 상대와 협상하는 자세가 중요하지요.

"그럼, 그렇게 하면 실현 가능한가요?"

"그것은 시험지 답안처럼 명확하게 나와 있는 것은 아니지만 상대를 무시하지 않고 설득하면 가능할 수 있 지요."

중종 역시도 더 이상 조광조의 주장에 동의하지 않았 습니다. 조광조의 역할은 여기까지라고 본 것입니다.

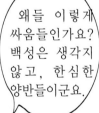

왜들 이렇게 싸움들인가요? 백성은 생각지 않고, 한심한 양반들이군요.

중종이 필요로 했던 것은 훈구파와 사림파의 균형이고 그 균형은 이루어졌다고 본 것입니다. 조광조는 다른 사림파와 함께 옥에 갇혔다가 유배된 뒤 그해 '기묘년'에 사약을 받고 죽었으며, 이렇게 사림파는 몰락하였습니다. 사림파의 몰락과 함께 조광조가 의욕적으로 실시하려던 개혁은 실현되지 못하고 원상대로 돌아오고 말았습니다. 이것이 기묘사화의 전말입니다.

"이런 훈구와 사림과의 다툼은 결국 누구를 위한 것인가요?"

"그들은 나라와 백성을 위한 것이라고 생각하겠지. 자기네 집단의 이익을 위한 것이 아닌."

"훈구와 사림의 입장을 모두 생각하여 말한다면, 새롭고 젊은 집단과 이미 터를 잡고 있는 집단과의 이해 관계로 생기는 싸움이라고 할 수도 있고."

이렇게 젊은 사람, 또는 걸어 온 길이 다른 사람은 사회가 부패되어 있으므로 개혁하려 하고, 나이가 든 세대, 즉 기성세대는 자신들이 노력하여 얻은 이익을 빼앗기지 않으려는 이해 관계의 싸움인 셈이지요.

산업혁명당시의 유럽의 노동자

이런 싸움은 어느 곳 어느 집단이나 있는 다툼입니다.

"그것이 왜 이 나라에서, 이제 와서 더 심해졌나요?"

"그것이 문제이지."

이 싸움은 앞으로도 '이 나라에서, 스승 또는 제자'로 이어가면서 계속 됩니다. 문제는 사회적 '에너지의 양'이란 정해져 있으므로, 이렇게 소모되는 이 에너지를 나라의 발전을 위해 썼으면 하는 바람이지요.

이런 조선의 사화는 무오사화, 갑자사화, 기묘사화, 을사사화와 끝으로 정미사화로 이어지는 무려 50여 년간 지속되었고 여기서 훈구파는 패하여 중앙 정계를 물러나는 결과를 낳았습니다. 이런 과정에서 중종이 죽은 뒤 조선은 인종과 명종으로 이어지는 동안 이제 조정은, 분열의 뿌리는 땅 속에 남겨둔 채 사림파의 세상이 되었습니다.

에너지의 소모란

한 개미의 무리가 큰 먹이를 끌고 집으로 가져 가려하는 데 서로 다투는 바람에 그 자리에서만 뱅뱅 돌게 될 때 에너지가 쓸데없이 소모된다고 말합니다.

# 변화하는 세계 속에서

그러나 세상은 그렇게 남의 이야기하듯 편안하게 말하고 있을 때만은 아닌 듯합니다.

북만주 벌판에 있던 여진족의 누루하치는 만주족을 통일하여(1583년) 힘을 키우고 있으며, 일본의 도요토미는 일본을 통일하였습니다(1590년).

"아빠, 주변국이 자국을 통일하는 것이 우리나라와 무슨 관계가 있나요?"

한 나라가 내부에 있는 여러 부족을 통일하면 쓰고 남은 에너지를 반드시 외부 세계에 쏟는 것이 자연스런 현상입니다. 그것은 첫째 자신감이 그것을 원하고, 둘째는 공신들에게 나누어 줄 보상이 필요해서이기도 합니다. 그래서 대부분은 외부 정복에 나서지요. 일본은 조선을 탐욕의 대상으로 삼았고 여진족은 명나라를 그 대상으로 삼았습니다.

여진족이 명나라를 먹이의 대상으로 삼았을 때 조선

누루하치
17세기초 여진족을 통일하고 나라 이름을 후금이라 하여 명의 북쪽을 차지한 뒤 세력을 계속 넓혀갔습니다.

대항해시대의 배

은 여진족에게 불편한 존재입니다.

 그리고 당시 이와 같은 동아시아의 움직임은 동아시아만의 문제에서 온 것처럼 보이지는 아닌 듯합니다. 이런 변화의 조짐은 조선의 주변국만이 아니라, 서양의 세계가 크게 흔들리고 있었습니다.

 서양은 포르투칼을 위시하여 에스파니아, 영국, 러시아 등의 나라가 동양의 여러 나라를 방문 또는 침공하기 시작하였습니다. 콜럼버스가 아메리카를 발견(1492년)하였으며 1543년 포르투칼 인은 일본에 처음으로 총포를 전하고 네델란드는 일본과 상거래를 하였습니다.

 1565년 에스파니아는 필리핀의 여러 섬을 점령하고, 1578년 러시아는 에르마크 산맥을 넘어 동진을 시작하였으며, 1600년 영국은 인도에 동인도 회사를 설립하여 인도를 식민지화 했습니다.

 이처럼 1500년대는 서양 여러 나라들이 식민지 확장을 위해 서로 다투던 시기입니다.

 "그런데 왜 갑자기 서양의 이야기를 하시나요?"

세계는 오랫동안의 잠에서 깨어나 세계의 약한 곳을 점령하여 자기네 영토 또는 식민지화 하고 있을 때이지요, 또 동몽골을 점령한 여진족과 일본은, 상인이나 역관을 통해서 이런 세계의 움직임을 알았을 것입니다. 일본이 새로운 무기인 조총을 만들어 조선을 침입한 것도 이런 교류에 의한 것으로 보입니다.

한강의 한 지류

"그러면 그때 조선의 조정을 장악하고 있는 사림세력은 무엇을 했나요?"

"이 때의 사림은 다시 분당하여 동인과 서인, 다시 남인과 북인으로, 세포 분렬하듯 나뉘어져 서로 다투고 있었지요."

남들은 눈을 크게 뜨고 멀리 내다보고 나라의 나아갈 길을 찾는 동안 조선의 선비들은 집단의 안위나 또는 주자의 교리나 찾았습니다. 격랑치는 세계의 번화를 전혀 알지 못하고 나라 안에서 서로 다툼이나 일삼았던 그들이 한심하다는 생각이 듭니다.

세계사를 보면 이 시기에 눈을 떠서 국가의 부를 위해 세계를 찾아다닌 나라들은 지금 대체로 부국이 되

산업혁명당시의 노동자들

었습니다.

"그럼 지금 남의 나라를 침략하여 식민지를 만들거나 이익을 취한 것을 잘한 것이라고 보시는 건가요?"

"적어도 그런 탐욕스런 나라들에게 나라를 빼앗기거나 지배 당해 왕과 백성 모두가 심한 수모를 겪는 일은 없었겠지요."

"그때의 교통과 도로 등의 여건으로 봐서는 세계를 그리 멀리 볼 수는 없었지 않았을까요?"

만주를 점령하고 또 동몽골을 점령한 여진족, 또 일본은 이런 세계의 움직임을 안 듯합니다.이런 세계적인 움직임이란 워낙 울림이 커서 상인을 통해서, 또는 역관들이나 여행자들을 통해서 알려지게 되어 있습니다. 일본이 새로운 무기인 조총을 만들어 내부를 통일하고 조선을 침략한 것도 이런 교류에 의한 것일 거란 생각이 듭니다. 역사를 긴 안목에서 보면 어떤 시기에 발전할 수 있는 시기를 놓치면 다시는 그 선진한 나라를 따라잡기가 쉽지 않지요. 학교 공부가 그런 것처럼요.

# 임진왜란의 시작

일본은 16세기에 들어서서는 내부적으로는 전쟁의 시대였습니다. 중앙세력이 약해지자 전국의 봉건영주들은 군사를 일으켜 서로 싸우는 내전의 시대가 되었습니다. 이때 도요토미 히데요시가 전국을 통일한 뒤 조선의 침략을 준비하면서 대마도주에게 조선 침략을 위해 성공 가능성에 대해 알아보도록 지시하였습니다. 대마도주는 전쟁을 하면 자신들의 희생이 가장 클 것임을 알고 있으므로 조선에 알려 일본에 통신사 파견을 요청하게 되었습니다.

그러자 조선은 1590년 정사에 황윤길을, 부사에 김성일로 하여 일본에 파견했습니다. 이들은 통신사의 임무를 띠었지만 본 목적은 일본이 조선을 침략할 의도를 지녔는지 여부를 파악하고 와서 임금에게 보고하는 것이었습니다. 그런데도 그들의 태도는 일본을 왜구의 한 면으로만 보는 그릇된 시각을 가지고 일본으로 건너갔으며, 또 하나의 잘못은 조정에서는 동인과 서인

나라밖은 뭔가가 심상치 않은 움직임이 있는데요. 저 소리가 안들리나요?

**조총**

조총은 아마도 일본인이 당시 동남아를 드나들던 포르투칼인이나 네델난드의 상인 또는 선교사들로부터 전수받아 제작한 것으로 보입니다. 임진왜란 때에 왜군이 사용한 조총은 길이가 길고 한번 쏘고 난 다음의 격발 시간이 4~5분 걸리는 것이 약점이라고 합니다.

의 대립이 한창이던 때이라 정사인 황윤길은 서인에서, 부사인 김성일은 동인에서 뽑아 보냈던 것입니다.

"아빠, 그도 균형 있는 것으로 볼 수 있잖아요?"

"똑같은 시각을 가진 사람들보다는 낫지요, 그러나 그들은 한쪽이 위험이 있다고 보면 한쪽은 위험이 없다고 보는 삐뚤어진 시각을 가진 사람들이지요. 그런 사람들이 일본이 조선을 침략할 것이냐 아니냐 하는 정세를 살피러 가는 통신사라고는 믿을 수 없지."

"그러네요. 나랏일이 애들 장난도 아니고요."

그들은 오사카 성에서 도요토미 히데요시를 만났습니다. 그리고 그들을 만나본 느낌을 선조께 보고했습니다. 정사 황윤길은 일본이 반드시 조선을 침략할 것이라고 말하고 부사 김성일은 그렇지 않다고 보고를 했습니다.

그런데 조선은 사실 이때 이런 당쟁만의 문제가 아니었습니다. 조선은 건국 초기, 내 지역은 내가 지킨다는 자주국방 정신으로 양반과 평민 모두가 군의 부역을 하도록 되어 있던 것을 세종과 세조의 여진정벌 이

도요토미 히데요시

후 180년 가까이 전쟁은 없고 나라가 평화스러워지자 차츰 양반에게는 군역이 면제되고 평민은 그에 합당한 곡식을 바치면 그냥 넘어가는 방식으로 변질되면서 나라의 방위가 사실상 무방비 상태가 되었습니다. 이를 걱정한 이이와 같은 정치가는 죽기 전에 10만 양병설을 건의하였으나 이루지 못하였습니다.

이 무렵 일본을 다녀온 통신사의 보고가 정반대이다보니 조선에서는 아무런 대책을 내놓지 못하고 있던 중에 일본에서는 사신을 조선에 보내, '일본이 명나라를 치러 갈 테니 조선은 길을 내달라'고 통지를 한 것입니다. 조정에서는 의견만 분분했습니다.

그렇게 몇 달이 지나고 1592년 4월, 동래성에서 다급한 소식이 한양으로 올라왔습니다. 부산포에 왜군이 몰려와 온통 바다를 덮고 있다는 것입니다.

일본군은 4월 13일, 1군에 고니시 유키나가가 이끄는 선발대 1만8천여 명이 700여 척의 군선을 타고 부산포 앞 바다에 도착한 것입니다. 이후 육군 15만여 명과 수군 9천여 명이 9군으로 나누어 조선을 침략하였습니

이항복선생 신도비

**이항복의 일화 하나**

이항복은 선조 때 정승을 지낸 대신으로 선조를 도와 전쟁을 겪으며 많은 역할을 했습니다. 또 일화도 많아 남겼습니다. 그중 하나, 오성의 집 감나무 가지 하나가 담 너머 옆집으로 뻗어가서 하인이 감을 따려하자 그댁 대감이 못 따게 하며 하는 말씀이, 가지가 담 너머 왔어도 내 마당에 열린 것은 내 감이라고 하자. 오성이 그 집 대감의 사랑 방문을 뚫고 손을 불쑥 넣으며 "이건 누구의 손입니까" 하자, 그 대감은 오성의 뜻을 이해하고 감을 따가게 했다는 이야기입니다.

다. 고니시 유키나가가 이끄는 1진은 동래부사가 지키는 조선군을 단번에 물리치고 경상도를 거쳐 충주를 향해 올라오고 있습니다. 조정에서는 이 일을 순변사에게 명하여 왜군의 진격을 막게 하였으나 1천 명도 안 되는 군에, 그들 역시 기본적인 군사 훈련도 제대로 되어 있지 않은 군을 이끌고 상주에 도착하니 목사는 산속에 숨어버리고 남아 있는 군사라고는 농민이나 진배 없는 군사 수백 명 뿐이었습니다. 이런 조선군이 조총으로 무장하고 진격해 오는 일본군과 맞서 싸운다는 것은 처음부터 승산이 뻔한 것이었습니다. 조선군을 격파한 일본군은 조령으로 향했습니다.

# 신립의 방어선도 무지고

이때 조정에서는 신립을 삼도순변사로 삼아 일본군을 막게 하였습니다. 이에 신립은 8천여 명의 관군을 이끌고 천애의 요새인 조령을 비우고 충주의 탄금대에 진을 쳤습니다. 그야말로 배수진입니다.

"아빠, 조령을 비웠다는 것이 무슨 말이죠."

조령은 태백산맥에서 갈라져 나와 서쪽으로 전라도까지 뻗은 험준한 소백산맥이 가로막은 한 통로에 있는 고개로 한양으로 가기 위해서는 이 고개를 넘어야 하는 고개입니다. 그런데 이 고개는 너무 높고 험준하며 도둑이 끓어 사람들이 이 고개를 넘기 위해서는 이십 여 명 이상이 모여 넘는다는 고개입니다.

충주의 조령

"이런 천애의 요새를 적군이 쉽게 넘도록 내어줬다는 이야기군요."

여기서 일본군을 저지했거나 또는 저지하지는 못했다 하더라도 시간을 벌어 새로운 방어 전략을 짤 수도 있

257

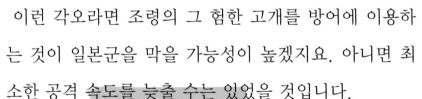

조선시대 조총

었겠지요. 더욱이 조령은 우리 땅이므로 조선군이 방어
와 공격으로 이용할 수 있는 지형지물에 대해 더 잘 알
것이고요. 이런 점으로 봐서도 조선이 얼마나 국방에
대한 인식이 허술했었는가를 짐작할 수 있었겠지요.

나라의 운명을 쥔 군의 총수가 이렇게 전투의 기본도
무시하고 탄금대에 배수진을 쳤다는 것부터가 한심한
노릇입니다.

"배수진이란 무엇인가요."

"뒤에 강을 두고 앞에는 적군과 맞서 싸우겠다는 작
전으로 싸움에 지면 모두 죽겠다는 각오의 전투 방식
이지."

이런 각오라면 조령의 그 험한 고개를 방어에 이용하
는 것이 일본군을 막을 가능성이 높겠지요. 아니면 최
소한 공격 속도를 늦출 수는 있었을 것입니다.

충주 탄금대에서 신립은 군사를 모두 잃고 자신도 달
천강에 몸을 던져 자살했습니다. 조정은 믿었던 신립
의 완패 소식을 듣고 선조는 한양을 버리고 서둘러 피
난할 준비를 하였습니다.

258

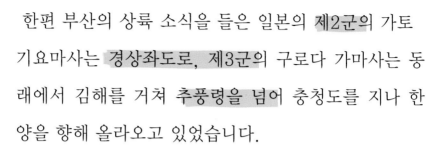

한편 부산의 상륙 소식을 들은 일본의 제2군의 가토 기요마사는 경상좌도로, 제3군의 구로다 가마사는 동래에서 김해를 거쳐 추풍령을 넘어 충청도를 지나 한양을 향해 올라오고 있었습니다.

이렇게 일본이 서울을 향해 올라오자 임금은 도성과 백성을 버리고 도망가듯 빠져 나갔습니다. 이를 본 백성은 분개하였습니다. 일본과 한번 싸워보지도 않고 백성을 버리고 달아난 것입니다. 백성들은 분노하여 노비문건을 보관한 장예원을 습격하여 모두 불태우고 형조에 불을 질렀습니다. 그처럼 두렵고 무서워했던 임금과 양반들의 무기력함을 보고는 선조를 태운 어가 행렬이 개성의 남문을 지나자 길을 막고 시위를 벌이기도 하였습니다.

선조의 일행은 피란 중에 서울이 함락되었다는 소식을 듣고는 다시 평양으로 향했습니다. 어가가 임진강을 건너고 평양에 임박하자 선조는 세자인 광해군을 평북 강계로 보냈습니다. 그것은 나라의 위험이 있을 때 왕과 세자가 떨어져 있어 만약의 사태에 대비하기

강계의 의주성

이황-덕곡서원

위한 것입니다.

"잠깐만요. 여기서 '만약의 사태'란 무엇을 뜻하나요?"

"정상적인 사고로는 왕과 세자가 떨어져 있어야 국정이 끊기는 위험을 반감할 수 있다는 생각입니다. 또 일부 학자들의 의견으로는 ..."

"......?"

조선을 일본에 내주고 명나라의 신하로 살면서 목숨을 부지하는 .....

"생각조차 할 수 없는 일이네요."

"그때.., 과연 선조는 무슨 생각을 했던 것일까요?"

**이순신 장군**

이순신은 임진왜란이 일어나기 한 해 전에 전라좌도 수군절도사로 임명되자 부임 즉시 전함과 이 해전에서 처음 선보이는 거북선을 건조하였습니다. 임진왜란이 일어나자 이순신은 남해에서 많은 왜적을 격파하고 왜군과의 싸움에서 이순신 장군만이 승리를 하였으며 특히 한산대첩과 명량대첩은 역사에 길이 남을 승리입니다.

충주 탄금대

# 조선의 반격

함길도로 피란한 광해군은 이덕형, 이항복 등과 함께 근왕군을 모집하여 올라오는 일본군을 맞아 열심히 싸웠습니다.

6월15일 일본군은 평양을 점령하였고 선조는 의주로 피란하였습니다. 의주에 이른 선조는 다시 한번 명나라에 지원군을 요청하였습니다.

한편 조선의 선비와 의병 등은 나라가 일본에 이처럼 유린되는 모습에 더 이상은 참을 수 없어 8도 전역에서 의병을 일으켰습니다. 이때 의병을 모집한 의병장들은 주로 관원이거나 유생 또는 승려들로 그 지방에서 존경받는 인물들이었습니다.

홍의장군으로 유명한 곽재우는 의령에서, 합천에서는 정인홍, 호남에서 고경명이, 김천일은 나주에서, 충청도에서는 조헌이, 또 승병으로는 영규, 휴정, 유정 외에도 많은 승병들이 싸우다 전사하기도, 또 승리하여 일본군에 심한 타격을 주기도 하였습니다.

의병의 봉기
임진왜란 당시 의병은 전국에서 일어났습니다. 이들은 나라의 임금이, 관리가 너무 허약함을 보고 나라와 백성을 구하겠다는 생각에서 여기저기서 일어났습니다.

의병은 그 지역 지리에 밝은 사람들이므로 수가 많지 않아도 일본군에게는 큰 타격을 줄 수 있었습니다. 또 일본군은 예측할 수 없던 곳에서 혹은 야밤에 공격을 해오니 작전을 마음대로 펼칠 수 없었습니다.

황해도에서는 이정암이 연암성을 빼앗으려는 일본군을 물리치고, 함경도의 길주에서는 정문부가 가토가 이끄는 일본군에 심한 타격을 입혀 조선군이 그 지역을 회복하는 데 큰 역할을 했습니다. 일본군은 이때문에 부대간 연락이 원할하지 못하였으며, 보급품의 조달에도 어려움을 겪었습니다.

전라좌수사로 부임해온 이순신은 일본의 침략에 대비하여 지역별로 성과 장비 등을 점검하고, 남해의 복잡한 해도를 작성하였으며 심지어 유속까지를 점검하였습니다. 그것은 일본이 부산포에 상륙하여 한양을 향해 올라가도 보급은 육로보다 편리한 해로를 이용할 것이라는 것은 쉽게 예측할 수 있었기 때문입니다.

또 이순신은 일본군의 전투방식을 면밀히 연구하기도 하였습니다. 그들에게 신무기인 조총이 있다지만 지금

행주산성 성벽

백두산 ▲

길주
서산대사
정문부
묘향산 ▲

사명대사

평양 금강산 ▲

동해

벽제관
한성
행주대첩 행주
권율

이치대첩
권율

금산
고경명 곽재우
경주
김덕령 담양
김천일 의령 부산포
광주 진주
나주
명량 한산도

명량대첩 진주대첩 한산도대첩
이순신 김시민 이순신

제주도

의병이 일어난 곳

까지 그들이 **생활처럼 해 온** 싸움에서의 **무기는 칼**이었습니다, 그리고 전통적으로 상대의 배에 올라 칼싸움으로 승부를 하는 방식이었습니다. 이 때문에 **이순신은 거북선 제작을** 서둘렀습니다. 거북선은 지붕을 덮은 배로 일본군이 올라와도 달리 공격할 방법이 없습니다. 그리고 한편으로 **최무선이 발명**한 **화포의 제작을 늘리고,** 총통을 만들도록 지시하였습니다. 화포는 사정거리가 조총에 비할 바가 아닙니다. 이렇게 준비를 서둘러가며 일본군을 기다렸습니다.

# 삼대 대첩

드디어 출격할 날이 왔습니다. 경상우수사 원균의 요청을 받고 출전하여 옥포해전에서 적선 26척, 5월 29일 사천해전에서 12척을 격파하였습니다.

1592년 7월 일본의 대선단이 견내량에 정박 중이라는 첩보를 받은 이순신은 이 대선단을 한산도로 유인하였습니다. 이순신은 그곳에서 수군 56척으로 학익진을 펼쳐 총통과 화포로 공격하여 적선 66척은 침몰하고 44척은 불태우는 큰 성과를 올렸습니다. 나머지 일본 선박은 달아나고 몸만 살아남은 일본군은 인근 섬으로 올라가 겨우 목숨만 부지한 정도였습니다. 이것이 '한산 대첩'입니다.

이 해전으로 조선군은 남해에서 제해권을 잡게 되고 일본은 남해를 통해 한양에 있는 자국군에 보급품을 전달하려는 계획을 바꾸지 않으면 안 되었습니다.

그러나 일본은 호남에 대한 침공은 포기하지 않았습

진주성의 촉석루

진주성의 모습

니다. 그것은 호남에서 나는 곡식을 확보해야만 일본 군이 안정적으로 보급품을 조달할 수 있으며 따라서 작전이 원활하기 때문입니다. 일본의 고바야가 이끄는 육군은 몇 차례 호남 공격을 시도했다가 의병의 공격으로 실패하자 부산에 있는 부대를 동원하여 진주성 공격에 나섰습니다. 진주를 공격하여 호남으로 올라가려는 것입니다. 일본은 나카오카로 하여금 2만여 군사를 주어 진주성을 공격하였습니다.

이때 진주목사 김시민은 불과 3,800여 명의 군사로 죽음을 무릅쓰고 맞서 싸웠습니다. 그때 진주에 남아 있던 백성도 싸움에 합세하였습니다. 그리고 진주성의 공격 소식을 듣고 달려온 의병대장 곽재우는 진주로 가는 길이 막히자 일본군의 배후에서 일본군을 공격했습니다. 진주성이 무너지면 호남이 일본군의 수중에 떨어지는 것은 누구나 알 수 있는 사실이기 때문입니다.

"호남 지역이 그처럼 군사적으로 중요한 곳인가요?"

"호남 지역은 우리나라에서 쌀의 생산이 가장 많은 곳이지, 그러므로 그곳에서 나는 쌀을 확보해야 군의

**이순신과 한산대첩**

한산대첩은 거제도와 통영만 사이에 길게 뻗은 바닷길로 왜군을 이곳 견내량으로 유인했습니다. 이곳은 지형이 많은 배가 한꺼번에 움직이기가 어려우며 또 왜군의 전선은 바닥이 브이자(V) 모양으로, 급화전이 어려워 많은 배가 한꺼번에 움직이기에는 더욱 힘듭니다. 이순신장군은 적선 백여 척이 넘는 배를 이곳으로 유인하여 그 절반도 안 되는 배로 학익진을 펴 왜선 59척을 격침시킨 전투로 임진왜란의 3대 대첩에 속합니다.

한산 대첩비

보급품을 조달할 수 있으므로 이 지역은 일본과 조선 쌍방의 중요한 군사적 요충지로 볼 수 있지.

일본군은 조선의 맹렬한 저항에 피해만 늘자 결국 물러나야만 했습니다. 이 전투에서 진주목사 김시민은 장렬한 전사를 하였습니다. 이 전투가 이른바 '진주대첩'이며 한산도대첩, 그리고 곧 있을 '행주대첩'과 함께 임진왜란의 3대 대첩에 속합니다. 해전에서 연패한 일본은 육군을 통해 호남 점령을 시도했습니다. 육군은 금산성을 거쳐 전주성으로 향했고 수군은 남해로 진격했습니다. 그러나 웅치에서 결사항전하던 김제군수 정담은 전사하고 이치에서 맞서 싸운 권율은 승리하여 일본 육군의 남하를 막아 호남을 지키는 데 성공하였습니다.

호남을 지킨 권율은 한양과 부산을 잇는 일본군의 보급로를 차단하기 위해 2천여 명의 군사를 이끌고 행주산성에 들어가서 기회를 엿보고 있었습니다.

이때 일본군은 평양에서 한양으로 향하던 중 행주산성에 주둔하고 있는 권율의 군사를 포위하여 맹공격

266

멀리서 본 행주산성

**권율장군과 행주치마**

율장군은 평양을 내주고 한양
향해 내려오는 일본군을 공격
기 위해 행주산성에서 일본군
맞아 혈전을 벌였습니다. 이때
율은 3천 여명의 군사로 3만이
는 일본군을 맞아 싸웠습니다.
율장군은 숫적으로 역부족이나
안의 부녀자들까지 앞치마로
을 날아 싸워서 승리하여 임진
란의 삼대대첩으로 꼽힙니다.
때 부녀자가 앞치마로 돌을 날
다고 하여 이후 앞치마를 행주
마라고 불렀다고 합니다.

을 가하였습니다. 그러나 조선군은 비격진천뢰와 신기전기와 같은 신무기 등을 총동원 하여 3만여 명의 일본군의 공격을 막아냈습니다. 이것이 '행주대첩'입니다.

한편 1592년 12월에 명나라 장수 이여송이 4만여 병사를 이끌고 압록강을 넘어왔습니다. 이여송이 이끄는 명나라 군사는 조선의 관군과 휴정이 이끄는 승병 등 의병과 함께 일본군을 공격하였습니다. 이처럼 조선의 이곳저곳에서 수세에 몰린 일본군은 도요토미 히데요시의 명령에 따라 남으로 집결하였습니다. 일본으로서는 여기저기서 공격해 오는 조선군의 반격이 만만치 않은 데다가 보급의 어려움도 있고 또 명나라와의 협상을 준비하기 위해 마지막 일격으로 조선군에 타격을 줄 목적이었습니다. 이런 일본의 철수직진에 따라 조선군과 명나라 군사는 한양를 수복하였습니다.

한편 남으로 집결한 일본군 7만여 명은 진주성을 다시 공격하였습니다. 지난 번에 패했던 것에 대한 보복인 점도 있겠지만 진주성만 점령하면 언제든 호남을

### 논개와 촉석루

논개에 대해 전해오는 이야기로는 원래 양반가의 딸로 집안이 어려워져 장수 현감 최경희의 후처가 되었다고 합니다. 왜란이 일어나자 최경희가 의병을 일으켜 진주성 싸움(2차)에서 패하여 남강에 투신하니, 논개는 기생으로 위장하여 촉서루에서 벌어진 왜군의 승전 축하연을 열 때 왜장을 끌어안고 남강에 몸을 던져 왜장과 함께 죽었다고 합니다.

논개

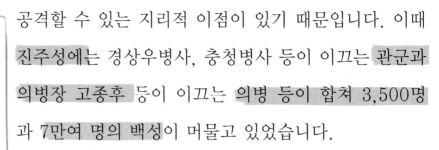

공격할 수 있는 지리적 이점이 있기 때문입니다. 이때 진주성에는 경상우병사, 충청병사 등이 이끄는 관군과 의병장 고종후 등이 이끄는 의병 등이 합쳐 3,500명과 7만여 명의 백성이 머물고 있었습니다.

그러나 숫적으로 엄청난 차이가 있는 데다 그들은 이미 조선에서 싸움을 익힌 노련한 병사들입니다. 결국 일본군은 공격을 시작한 지 한 달 만에 진주성을 함락하였습니다. 일본군은 이때 항복한 군사와 백성을 합쳐 6만여 명을 학살하였습니다.

여기서 일본군이 촉석루에서 벌인 승전 축하연에서 논개가 일본의 장수를 끌어 안고 함께 남강에 투신 자살한 사건은 길이 전해옵니다.

명나라와 일본은 종전을 위한 협상을 하기 시작하였고, 일본의 몇 가지 요구 조건을 내놓았습니다. 또 안전하게 일본으로 가는 것도 포함되었습니다. 조선과 명나라가 그 요구를 들어주기에는 무리한 것이었습니다. 이때 일본은 이미 많은 병력을 철수시키고 2만여 명만 잔류하고 있었습니다.

# 정유재란

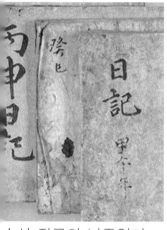

순신 장군의 난중일기

당시의 조상들은 정말 대단한 분들 같아요. 죽음이 눈 앞에 왔다갔다하는 속에서……

1596년 오사카 성에서 진행되었던 협상은 결렬되고 일본은 다시 침략을 준비하였습니다. 조선은 무너진 성을 개축하고 일본의 침략에 대비하였습니다. 1596년 12월에 일본은 14만여 명의 병력으로 다시 침략해 왔습니다. 일본군은 12월과 다시 1월에 부산에 상륙하였습니다. 일본군은 경상도를 장악하고 다음으로 전주로 가서 호남의 곡창지대를 수중에 넣으려는 계획이었습니다.

이순신은 이들의 움직임을 보면서 그들의 계획을 탐지하여 방어 작전을 펴려하였습니다. 이런 이순신의 계획을 알지 못한 선조와 시인들은 이순신이 겁을 먹고 전쟁에 나가지 않는다고 판단하여 1597년 2월에 이순신을 삼도수군통제사에서 해임하고 한양으로 불러들였습니다. 그리고 그 자리에 원균을 임명하였습니다.

이 소식을 전해들은 일본군은 서슴없이 700여 척으

거북선

로 군단을 만들어 그해 8월 부산포에 상륙하였습니다. 이에 권율은 원균에 명하여 일본군을 물리치도록 하였습니다. 그러나 원균은 내키지 않았습니다. 지금까지 수군은 이순신이 지휘했었고 또 수전의 경험도 적어 내키지가 않았습니다. 그러자 권율의 불호령이 떨어지고 마지못해 출전한 원균은 이 전투에서 전선 20여 척을 잃고 다시 기습해 온 일본군에게 원균은 판옥선 130여 척을 잃었으며 이 싸움에서 원균 자신도 죽었습니다. 이때 경상우수사 배설이 겨우 전선 12척과 수군 120여 명만을 이끌고 탈출하였습니다. 선조는 다시 이순신을 삼도수군통제사로 임명하였습니다. 조선의 수군이 전멸하자 일본군은 총공세를 하여 호남을, 그리고 충청도까지 올라왔으나 이때 내려오는 조선과 명나라 연합군에 패하자 경상도로 내려갔습니다.

그해 9월 가토 기요마사 등의 일본군은 전선 330여 선을 이끌고 다시 남해의 해남 앞바다에 나타났습니다. 사태가 이렇게 되자 조정에서는 다시 이순신을 내려보냈습니다. 이순신은 겨우 남아 있는 13척의 배로

목–진도대교가 놓였습니다

**명량해협(울돌목)**

전남 해남과 진도 앞바다의 좁은 바닷길로 우리나라에서 조류가 가장 빠른 곳으로 지금은 진도대교가 놓여졌습니다. 넓은 바다가 이곳에 와서 갑자기 좁아지며 바다의 깊이도 얕아 바닷물이 이곳을 지날 때면 갑자기 소리를 내며 빨라져 배를 제대로 조종할 수도 없이 계곡을 지나는 통나무처럼 처박히듯 고꾸라지며 빠져나가게 된다고 합니다.

진도 앞바다에서 일본의 전선이 오기를 기다리면서 척후를 맡은 한 척으로 적선의 동태를 보고 있었습니다.

명량해협, 울돌목이라 불리는 그곳은 물길이 갑자기 좁아지면서 물살이 세차진 곳입니다. 그래서 여러 척의 배가 한꺼번에 통과할 수 없을 뿐만 아니라 협곡을 지나는 물살처럼 급류가 갑자기 요동치며 흐르는 곳입니다. 이순신은 그곳에 전선을 정박시키고 싸움에 적합하지 않은 배 백여 척을 그 뒤에 포진시켜 대선단이 집결한 것처럼 위장하고 일본의 전선을 유인하여 왔습니다. 명량해협까지 온 일본의 전선은 이제 퇴선을 하려도 할 수 없는 지경에 처하였습니다. 요동치는 해협에서 서로 엉키고 부딪쳤으며 겨우 울돌목을 지나온 일본의 전선은 이순신의 공격에 속절없이 당하고 말았습니다. 여기서 살아남은 전선들은 모두 부산포로 달아났습니다.

일본은 조선과의 싸움이 한창일 때(8월18일) 도요토미 히데요시의 사망으로 모든 일본군은 조선에서 철수하라는 명령을 받았습니다. 일본의 육군과 수군은 부

김시민 장군 사당

칠백의총

산포에 집결하였고, 조선의 육군은 명나라군과 합세하여 일본에 총공격을 하였습니다. 이순신의 수군 역시 부산포에서 철군하는 일본군을 총공격하기 위해 노량 앞바다에 주둔시켰습니다. 이에 이순신은 명나라 수군과 함께 퇴각하는 일본의 병선 300여 척을 공격하였습니다. 이 전투에서 조선과 명나라 양국의 수군은 일본 전선 200여 척을 격파하고, 전투가 끝나갈 무렵 이순신은 적이 쏜 유탄에 맞아 숨졌습니다. 이로서 임진왜란은 7년간 끌어오다가 11월 20일 끝이 났습니다.

"아빠, 임진왜란이 끝났다고 하는데 왠지 마음에 허전함을 느끼는 것 같네요."

"나도 심한 갈증이 느껴지는 것 같구나."

"초기에 일본에게 당한 무기력함과 당파에 매몰된 중신들, 임금의 무책임함과 자신만 살고자 하는 극단적 이기주의, 중신과 양반들의 무능함만 본 듯하다."

그러므로 백성들의 분노는 당연하지요. 그들은 임

**이순신의 최후**

순신은 해임되었다가 명량해역
로 돌아와 진도 앞바다의 물길
이용하여 12척의 배로 왜선 133
과 대결하여 31척을 파괴하는
전과를 올렸습니다. 그해 11월
본으로 퇴각하기 위해 노량 앞
다에 집결한 500척의 일본 전선
발견하고 이를 공격하였습니
. 이순신 장군은 이때 자신의 운
을 직감한 듯, 총에 맞아 목숨을
둘 때도 자신의 부하에게 죽음
알리지 말고 계속하여 싸워 적
을 한 척이라도 더 격침하라며
을 거뒀다고 합니다.

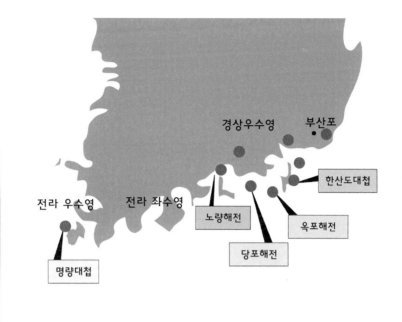

● **격전지**　　이순신장군의 격전지

한산도 충무공 유적지

금을 하늘처럼 여기고 양반들의 처신을 우러러 여겨왔
던 사람들입니다. 그처럼 믿고 의지했던 이들의 허약
하고 자기만 생각하는 모습을 본 백성들은 자신의 힘
을 길러 스스로를 지켜야 겠다는 생각이 들었을 것입
니다. 이런 백성들의 자각과 현실에 참여하려는 정신
은 임진왜란이 가져온 가장 큰 변화일 것입니다. 이 백
성들의 의식변화는 앞으로 조선사회가 근대사회로 접
어들 때 좋은 밑거름이 될 것입니다.

# 임진왜란 이후

왕권의 유지에만 정신을 쏟고 있었습니다. 조선의 국토는 초토화되어 농사를 지을 수 있는 땅은 반도 안 되게 줄었습니다. 젊은이들은 전투에서 목숨을 잃어 농사 지을 사람이 별로 없고, 거기에 전염병이 전국으로 번져 민심은 흉흉했습니다. 선조는 1608년 보위에 오른지 41년 만에 세상을 떠났습니다.

일본은 도요토미 히데요시가 죽자 도쿠가와 이예야스가 천하를 통일하였습니다. 그리고 일본은 많은 도공을 데리고 일본으로 건너가서 자국의 도자기 기술을 발전시키는 계기가 되었습니다. 도쿠가와 이예야스는 에도에 막부를 설치하고 1603년에 조선과의 화평조약을 추진하였습니다. 한편 여진족의 누루하치는 내치에 힘을 쏟으며 급변하는 동북의 상황을 주시하고 있습니다.

선조가 죽자 왕위에 오른 광해군은 주변국과 평화를 유지하면서 일본과는 기유약조를 맺고, 여진족에게는

**일본과 도자기**

일본의 도자기가 급격히 발달하게 된 것은 임진왜란 때 일본이 후퇴하고 돌아갈 때 조선의 도공을 대거 데리고 돌아가 가마를 만들고 도자기를 제작하면서부터였다고합니다.

**허준의 동의보감**

허준은 선조의 명으로 동의 보감을 만들다가 왜란으로 잠시 중단된 것을 다시 만들어 완성하였습니다. 허준의 이 책은 병의 치료보다 예방에 중점을 두었으며 중국과 조선의 의학서적을 잘 정리하여 만들었다고 합니다.

싸움이 끝난 것 같네요. 시끄러움은 사라지고, 대신 어떻게 사는가 하는 문제에 마주했으니.....

통신사를 파견하였습니다.

광해군은 임진왜란으로 파괴된 농지와 공납제도 등을 복구하는 데 힘을 썼습니다. 전염병을 예방하기 위해 허준에게 당시 구전되어 오던 병의 진단과 치료 방법, 약제 사용 등을 자세히 기록하여 책으로 내게 하였습니다. 이에 허준은 자신의 지식과 경험을 바탕으로 〈동의보감〉을 내었습니다. 또 광해군은 공납의 문제를 해결하기 위해 당시 기득권 세력의 반대를 무릅쓰고 대동법을 시행하였습니다. 대동법이란 나라에 바치던 일종의 세금을 당시는 그 고장에서 나는 특산물로 바치던 것을, 쌀이나 배포로 바치도록 하였습니다. 이전에 특산물로 바치던 공납에는 많은 부작용이 있었습니다. 백성들은 반드시 특산물로 바치기 위해 별도의 비용을 부담해야 하는 일도 있었습니다. 이 세도로 백성들의 공납 부담은 줄이고, 공물을 대납하는 공인이 출현하여 상업이 발달하는 계기가 되었습니다. 광해군의 이런 공납의 융통성 있는 납부 방식은 백성들의 지지를 받았습니다.

# 광해군의 외교와 후금의 건국

대륙의 정세는 시시각각 변하고 있었습니다. 여진족을 이끌고 내려온 누루하치는 나라 이름을 후금이라고 치고 명나라를 침범할 기회를 노리고 있었습니다. 대신에 명나라는 점점 약해져 후금의 공격에 밀리고 있었고, 그러자 명나라는 조선에 지원군을 요청해 왔습니다.

광해군은 고민에 빠졌습니다. 지난번 일본에 공격을 받았을 때 명나라의 도움을 받았던 일을 생각하면 의당 명나라에 지원군을 보내야 했습니다. 그러나 지금의 정세는 그리 단순하지가 않습니다. 만약 후금이 명나라를 물리치고 대륙의 주인이 된다면 조선은 그 후의 일을 감당해내야 합니다. 조정 대신들의 생각도 나뉘었습니다.

그러나 조선은 무엇인가 행동해야 합니다. 행동하지 않고 있으면 자칫 양국으로부터 공격을 받을 수도 있

**휴정**
임진왜란이 일어나자전 국을 다니며 승병을 모집하여 승병 5천을 모집, 인솔하여 관군을 도와 큰 공을 세웠다고 합니다.

양녕 이제의 묘소

습니다. 광해군은 강홍립을 5도 도원수로 삼고 13,000명의 병사를 주어 중원으로 파병하였습니다. 그러면서 광해군은 강홍립에게 밀지를 주어 누루하치의 후금과는 크게 대적하지 말 것을 당부하였습니다. 그리고 조선의 출병이 어쩔수 없이 이루어졌음을 설명하도록 하였습니다.

한편 조선은 선조가 죽은 뒤 광해군을 왕위에 앉게 한 세력의 위세가 커지면서 이들은 자신의 세력을 강화하기 위해 광해군에 우호적이지 않은 임해군과 영양군을 유배보내거나 시해하고 인목대비를 폐위시키려다 실패하였습니다.

그러자 이에 반대하는 세력들은 결속하면서 반대파들을 모아 광해군을 축출하기로 하고 창덕궁에서 연희를 즐기는 광해군을 잡아 폐위하고 능양군을 왕위에 오르게 하였습니다. 이렇게 오른 이가 인조이며 이 반정을 인조반정이라고 합니다.

인조가 왕위에 오르자 후금에 대한 외교 정책은 급변하여 친명 위주로 돌아섰습니다. 그것은 정권을 잡은

광해군과 문성군부인 묘
-남양주에 있습니다

신하들은 광해군이 가려던 정책을 무조건 따르지 않으려는 무원칙의 외교 정책이었기 때문입니다. 이런 맹목적인 외교는 조선을 다시 극심한 고통 속으로 몰아 넣게 됩니다.

"아빠, 조선의 나라와 백성을 이끌어 가야할 정치인들이 이렇게 무책임한 정책을 결정해도 되는 것인가요?"

"그래요, 임진왜란을 겪은 지가 몇 년이 지났다고!"

임란 때는 싸움 중에 장군을 바꾸지를 않나, 중국 대륙에서 엄청난 변화가 일어나고 있는 그 현장에서 군의 파병에 이런 억지 정책을 하는 나라가 세상에 또 있을까 싶습니다. 그들 눈에는 무엇만을 보고 무엇만을 생각하는 지 궁금합니다.

1623년 인조는 여진족의 침범을 우려하여 이괄을 영변으로 좌천시키자 이듬해 이괄은 안주에서 12,000명의 군사를 일으켰으나 정만의 군사에게 반격을 당해 패하자 이괄의 군사는 만주를 건너 후금으로 들어가 조선이 명나라와 교류한다는 사실을 실토하였습니다.

후금은 처음으로 명나라와 전투를 벌였으나 40만의

군사를 가진 명나라는 6만의 후금에 대패하였습니다. 또 강홍립의 군사 역시 후금에 패하고 강홍립은 후금에 항복하여 후금은 명과의 마지막 일전을 준비하고 있었습니다. 그런 후금에게 조선이 친명정책을 지속한다는 것은 후금에게는 몹시 신경이 쓰였습니다.

조선이 태도를 명확히 하도록 할 필요가 있다고 생각한 후금은 조선에 대한 침략을 준비하고 있었습니다. 그러나 조선에서는 이런 움직임은 전혀 눈치도 못 채고 사대의 의리만 생각하고 있었습니다.

그러던 차에 조선에서 도망한 이괄의 부하가 항복해 옴으로 해서 후금은 조선의 내부 사정을 자세히 알게 되었고 그리하여 후금은 지리에 밝은 조선 군사를 앞세워 3만여 명의 군사를 이끌고 압록강을 건넜습니다. 임진왜란이 일어난 지 29년 만입니다. 조신의 강산은 다시 침략자의 발길에 짓밟히게 되었습니다.

후금은 광해군의 원수를 갚기 위한 것이란 명분을 앞세워 순식간에 평양까지 내려왔습니다. 조선에서는 도원수 장만을 보내 막으려 하였으나 제대로 싸워보지

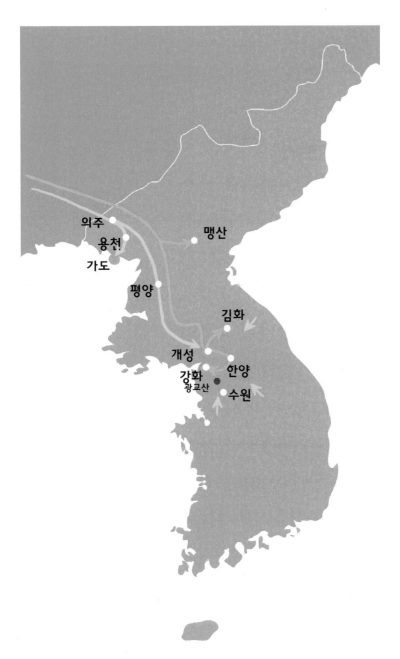

의주
용천
가도
맹산
평양
김화
개성
한양
강화
광교산
수원

정묘호란과 병자호란의 침입경로

도 못하고 후퇴만 거듭했습니다. 이렇게 하여 인조와 대신들은 강화도로 들어갔고 소현세자는 전주로 피난을 떠났습니다. 후금은 강화도에 사람을 보내 두 가지 조건을 내놓으며 강화를 청하였습니다. '첫째 조선은 앞으로 명의 연호를 쓰지 말 것, 둘째 조선의 왕자를 후금에 인질로 보낼 것'입니다.

# 병자호란

조선에서는 후금과 '강화조약을 맺은 후 후금의 군대는 조선의 땅에서 즉시 철수할 것이며 다시는 압록강을 넘지 말 것, 양국은 앞으로 형제의 나라가 되고 명나라와도 교류하지 않을 것'입니다. 이렇게 조선과 후금은 '정묘조약'을 맺었습니다. 1627년입니다. 이에 조선에서는 왕자 대신 종친인 원창군을 후금에 보냈고 후금 역시 조선 땅에서 철수하였습니다. 이후 9년이 지난 뒤 나라 이름을 청으로 바꾼 후금은 1636년(병자년) 4월 조선에게 '군신의 예를 갖추라'고 요구해 왔습니다.

"이 요구는 또 뭐지요?"

"후금과 1627년 맺은 조약은, 후금으로서는 자신들의 목표는 명의 정벌에 있기 때문에 그들의 등뒤에 있는 조선을 대충 정리 해 놓고 급한 명과의 결판을 먼저 보려 한 것이지. 이렇게 대강 마무리 짓고 목표인 명의

다시 또 전쟁이리고요? 가족이고 모두 버리고 산 속으로 들어가 살고 싶겠네요.

공격에 집중하겠다는 생각이지. 그러므로 조선은 잠시 후금에게 시간을 벌어준 셈이지."

이에 인조는 청의 요구를 받아들이지 않자 그해 12월 10만 대군으로 심양을 출발하여 압록강을 건넜습니다. 청나라 군사는 의주를 지키고 있는 임경업 장군을 피해, 10일 만에 개성에 이르렀습니다. 조선은 청이 이렇게 진군의 속도가 빠르리라고는 생각도 못했습니다. 그러나 청은 이미 청에 항복한 조선의 병사로부터

남한산성 서문

삼전도비

지리와 군사 배치 등을 파악한 뒤였습니다. 이렇게 진군의 속도가 빠르자 조정에서는 서둘러 강화도와 한성의 수비대를 꾸리는 한편 대군과 원손을 강화로 보냈습니다. 그리고 12월 14일 밤 인조는 강화로 향했다가 길이 막혔습니다. 청나라 군사가 이미 길목을 막은 것입니다. 결국 인조와 소현세자 그리고 대신들은 남한산성으로 피신하였습니다. 그러나 이틀 뒤 도착한 청의 주력군은 남한산성을 겹겹이 포위하고 청태종은 남한산성 아래 탄천에 자리잡았습니다. 남한산성은 겨우 3,000여 명의 군사와 1만여 명의 백성이 지키고 있습니다.

　청은 조선에 대해 '청에 대해 군신의 예로 대할 것'과 왕세자를 인질로 보낼 것, 앞으로 성을 신축하거나 수리하지 말 것, 그리고 일정한 곡물을 바칠 것 등의 아홉 가지 조항의 조건을 제시하며 항복을 권유했습니다.

　조선으로서는 어찌할 방법이 없습니다. 성으로 피신한 것이 아니라 독안에 갇힌 격이 되었습니다. 당시 조정에서는 청과 맞서 싸우자는 주장과 화해를 하자는 쪽의 두 파로 나뉘었습니다. 그러는 동안 청군은 인조의 항복을 재촉하기 위해 백성을 마구 학살하고 가축을 죽였습니다. 양쪽 주장이 맞서는 가운데 인조는 더 이상의 버티기는 백성에게 폐해만 줄 것이라는 판단 아래 나가서 항복하기로 하였습니다.

　1637년 1월 30일 인조는 서문으로 나섰습니다. 서문 밖에서 기다리고 있던 청의 선봉대장 용골대는 인조를 청태종 앞으로 인도했습니다. 청태종은 전장에 마련한 삼전도의 단 위에 자리를 잡고 인조는 그 아래에 무릎을 꿇었습니다. 그리고 패장으로서의 항복 절차에 따랐습니다. 세번 절하고 아홉 번 머리를 조아리

충주 임경업 장군 묘

는 예를 올렸습니다. 인조는 청태종에게 사죄하였습니다. 그리고 청의 요청에 따라 삼전도 비를 세우기로 하였습니다. 이렇게 하여 1636년 12월에 시작하여 1637년 1월까지 50일에 걸쳐 벌어진 병자호란은 청과 조선이 군신의 관계를 맺는 것으로 끝을 맺었습니다.

조선은 청의 침입에 대한 아무런 준비도 없이 명분만 찾다가 당한 결과였습니다. 2월 8일에 소현세자 봉림대군 등의 왕족과 당시 싸우기를 주장했던 대신 대부분과 그리고 의주성을 지키고 있던 임경업 장군을 포함하여 조선의 백성 50만 명을 데리고 자국으로 돌아갔습니다. 끝까지 싸우기를 주장한 대신의 대부분은 심양에서 처형되었고 백성은 노예처럼 부려졌습니다.

청나라는 아직 전쟁중입니다. 그러므로 많은 물자가 필요합니다. 이들 북쪽에 근기를 둔 유목민들은 진쟁시 보급품을 현지 조달 방식으로 합니다. 심지어는 병사까지도 그런 방식입니다. 그러니 조선에게 얼마나 많은 물자 보급을 요구했으며 그러기 위해 백성을 얼마나 못견디게 했을 지 짐작이 갑니다. 연이어 큰 전

쟁을 치룬 조선의 백성은 얼마나 힘들었을까요.

"아빠, 일본하고의 전쟁은 7년이고 청과의 전쟁은 50일간 이라고 하지 않았어요? 그런데 아빠의 설명은 청으로부터 받은 핍박이 더 심했던 것으로 들려요. 제가 잘못 생각한 것인가요?"

조선이 일본과의 전쟁은 결과만을 본다면 이긴 것이라고 말하는 학자도 있지만, 전쟁은 7년동안 조선땅에서 이루어졌지요. 따라서 그 전쟁에서 파생된 피해는 오로지 조선이 입게 된 것입니다. 이것이 임진왜란 때 조선이 입은 피해입니다. 이에 비해 병자호란은 전쟁의 수행 기간은 50일이지만 피해는 그 뒤에 일어난 청의 요구가 이루 말할 수 없는 정도로 많았지요. 청은 조선이 다시 힘을 갖기를 원하지 않았던 것으로 보입니다. 그러므로 임진왜란의 피해와는 비교가 안 되지요.

"임금을 비롯하여 대신들은 자신들의 잘못된 결정으로 인해 조선의 강산은 황폐화되고 백성들은 지옥 같은 세상에서 지내야 하는 그런 현실에 대해 어떤 책임감을 느꼈을까요?"

김홍도의 주막

병자호란은 명분에 사로 잡히고 파당 싸움에 어두운 임금과 신하가 현실을 제대로 보지 못하고 무모한 싸움을 하다가 이와 같은 국가적 위기로 몰아 넣은 것입니다.

그러나 이때 임금을 비롯한 대신들이 이를 계기로 세계를 보는 안목을 얻고 지도층이 뼈를 깎는 노력을 하여 조선을 일으키려는 기회로 삼았다면 전화위복이 될 수도 있었을 것입니다. 그러나 그들은 달라진 것이 없었습니다. 당파 싸움이 무슨 마력이라도 지닌 것처럼 이들은 다시 당파 싸움에 매몰되었습니다.

달라진 것은 백성들이었습니다. 그들은 세상이 달라지고 종전에 보이지 않던 변화의 물결이 다가옴을 보는 듯하였습니다. 이 달라진 백성의 모습은 후에 조선을 근대사회에 한층 다가가게 합니다.

# 소현세자의 원대한 꿈

청나라의 태종은 1642년 명과의 싸움을 승리로 이끈
뒤 병을 얻어 이듬해 세상을 떠났습니다. 뒤를 이어 아
들 순치제가 즉위하였습니다.

한편 인질의 몸으로 심양에 머물고 있던 소현세자는
청나라가 조선에 대해 곡물 등 전쟁 물자 보상을 요구
하는 것을 적극적으로 나서 줄여줄 것을 청나라에 요
구하는 한편 조선의 부흥을 위해 여러 가지 방법을 모
색하였습니다.

특히 조선이 왜 이렇게 허망하게 청나라에게 패하였
는가. 그리고 청나라가 거대한 국가였던 명을 저처럼
밀어 붙일 수 있는 힘은 어디에서 온 것일까 하는 점에
대한 해답을 찾으려 애썼습니다.

청나라를 통해서 본 서양은 개방적이며 활발하게 서로
왕래하며 자국을 발전시켜 나가는 것처럼 보였습니다.

소현세자는 북경에 있는 이탈리아의 대성당을 방문하

진 솔뫼마을 김대건의 고택

여 당시 북경에 머문 과학자를 만나 서양에 널리 퍼져 있는 지리학, 역학, 천문학 등 과학의 힘에 대해 들었습니다. 또 소현세자는 조선으로 귀국할 때 천주실의, 천구의, 망원경, 현미경 등을 선물로 받아 가지고 왔습니다. 소현세자는 자신이 볼모로 있던 시기에 배우고 깨달았던 여러 가지를 조선의 부흥에 활용하려 했습니다.

그러나 소현세자를 맞는 조선은 달랐습니다. 명나라를 지지한다는 생각도, 이미 중국의 지배자가 되었음에도 청나라를 오랑캐라고 무시하는 과거의 안목에 사로 잡혀 있는 것도, 또 서로 배척하면서 당파싸움을 하는 것도 그대로였습니다. 이런 생각과 태도는 인조까지 같았습니다. 이런 모습을 누가 삼전도의 치욕을 겪은 나라라고 하겠어요.

소현세자는 가슴이 답답해 옴을 느꼈습니다. 명나라는 청의 침공이 아니어도 이미 스스로 무너지고 있습니다. 남으로 밀려난 명은 내분으로 스스로 지탱하지 못하고 무너지고 있는 것이 보이는데 조선에서 명의

파주 이이 유적지인
– 자운서원

부흥을 기원하고 있는 모습은 소현세자로서는 도저히 납득이 되지 않습니다.

소현세자는 병자호란을 겪은 조선을 개방되고 부흥한 나라로 발전시키고 싶었습니다. 그러나 자신이 생각한 것과는 너무 동떨어진 생각 속에 빠져 있는 중신들이 답답할 뿐입니다.

한편 인조와 그를 둘러싼 중신들은 소현세자를 의심하고 있습니다. 그가 청나라 장군 용골대와 친하게 지낸다는 사실도, 청군을 따라 전장의 이곳저곳을 따라 다녔던 사실이 모두 의심스러웠습니다. 그들은 좁은 안목과 소견에 갇혀 청나라에서 8년이나 볼모로 있다 돌아온 소현세자가 청을 믿고 인조를 몰아내고 스스로 왕이 되려하는 계획을 가지고 돌아온 것이 아닌가 하는 의구심을 갖고 있었습니다.

이런 의구심에 사로잡힌 인조는 볼모에서 돌아온 소현세자에 대한 신하들의 인사조차 막고 있었습니다. 아버지의 이런 냉대에 소현세자는 귀국 두 달만에 학질에 걸려 죽고 말았습니다. 소현세자의 죽음에는 독살설 등 분분한 설이 많았지만 어느 것도 확실히 규명되지는 않았습니다.

 그 뒤 소현세자의 부인 강빈도 이듬해 3월 소현세자의  독살설로 모함을 받아 죽임을 당하고 두 명의 아들도 유배에 보내졌다가 죽었습니다. 소현세자의 죽음은 조선을 개방된 국가로 만들고. 성리학이 아닌 청국의 북경을 오가는 서양 사람처럼 자유로운 사고를 가진 나라로 발전시켜 나가겠다는 꿈을 모두 거둬갔습니다. 조선은 다시 붕당의 나라로 빠져들었습니다.

신기전

# 효종의 북벌계획

조선으로 돌아온 소현세자가 두 달만에 갑자기 죽고 동생인 봉림대군이 세자에 책봉되고 그로부터 4년 뒤 인조가 세상을 떠나자(1649년) 봉림대군이 왕위에 오르니 그가 효종입니다.

효종은 왕위에 오르자 국내 기반이 약한 점을 보완하기 위해 당시 서인에서 분파되어 나온 산당을 끌어들였고 이들의 지지를 받아 북벌을 준비하였습니다. 당시 산당의 영수에는 송시열로 효종과는 가는 길이 같으면서 달랐습니다. 효종이 북벌을 추진하려는 이유는 청나라에 끌려갔던 아픔도 있지만 북벌군을 양성하여 친위세력을 만들고 이를 바탕으로 왕권을 강화하려는 의도도 있었기 때문입니다. 그러나 이와 달리 송시열은 북벌을 핑계로 만들어진 그 힘으로 정국을 주도하려는 속셈이 있었던 것입니다.

이 시기에 제주도에 표류해온 네덜란드 사람 하멜을

**하멜**

하멜은 네덜란드인으로 항해중 표류하여 제주도에 상륙하였으나 곧 조정에 보고되어 서울로 올라왔습니다. 효종은 이들에게서 여러가지 해외의 소식을 들었습니다. 후에 하멜은 본국으로 돌아가 조선을 유럽에알렸습니다.

훈련도감에 배속시키고 조총을 제작하게 하였습니다. 효종은 북벌계획을 숨기고 조총부대를 양성하였으며, 마침 청으로부터 러시아의 남하를 막기 위해 조선에 지원군을 요청해 왔습니다. 효종은 조총군의 위력을 보기도 할 겸 100명의 조총군과 기마병을 선발하여 보냈습니다. 이에 조선군은 북만주의 송화강변에서 남하하는 러시아군을 만나 대승하였으며, 4년 뒤에는 청나라가 재차 요구하자 이번에는 송화강과 흑룡강이 만나는 지점에서 다시 승리하였습니다.

"흑룡강과 러시아 영토와는 이웃이었던가요?"

"얼마 전만 해도 러시아는 유럽의 북단에 있었지. 그리고 아시아 북단에 있던 대륙은 시베리아라고 하는 지역으로 원시 씨족집단 또는 부족집단이 있었지요. 우리가 어려서 학교에서 배운 에스키모라고 하는 사람늘이 국가가 아닌 소수집단으로 살고 있었지요. 이를 유럽인들은 주인 없는 땅이라 하여 멋대로 진주하여 자신들의 영토로 만들었지요."

"그럼 그 시기가 콜럼버스가 아메리카를 발견하던 그

시아 하바롭스크 지방

**콜럼버스**

콜럼버스는 15세기말 캐리벨 3척으로 선원을 이끌고 오로지 바람에 의지하여 서로 서로 항해하여 마침내 신대륙을 발견하였습니다. 이때 사용한 도구는 나침판 하나였으며, 하늘의 별만을 보고 항해하였습니다. 그는 새로 발견한 육지에서 벌거벗은 인디언을 만났으며 그들로부터 많은 황금을 얻어 가지고 유럽으로 돌아왔습니다.

크리스토퍼컬럼버스

"그럼 그 시기가 콜럼버스가 아메리카를 발견하던 그 시기와 비슷한가요?"

"차이는 있지만 비슷하지."

이 시기가 세계사적으로도 중요한 시기였던 것이, 서양은 이 시기에 구시대의 사고에서 벗어나서 근대사회로 진입하는 문턱에 있었고, 이 시기에 거시적인 발전을 가져와 새로운 사회로 만들어 가는 출발점에 서게 된 것입니다. 그 시기에 소현세자와 봉림대군이 북경에서 이런 역사의 급변하는 모습을 본 것입니다.

"같은 역사의 변화 속에서 소현세자는 조선의 개방적인 발전을 꿈꾸고 봉림대군은 북벌을 꿈꾸었군요."

이 중요한 변화를 읽은 두 왕자는 자신의 나라에 돌아와 아무 도움도 주지 못하였습니다. 나선정벌로 자신감을 얻은 효종은 북벌계획에 더욱 박차를 가하였지요. 당시 남쪽으로 쫓겨난 명나라의 남은 세력들은 명의 부흥운동에 힘을 쏟고, 동남아 연안에서는 해상을 기반으로 한 반청세력이 더욱 힘을 키우고 있는 때입니다. 이런 청 내부의 움직임을 잘 알고 있는 효종으

로서는 한번 해볼만한 계획이라고 생각하였습니다. 효종은 조선에서는 청의 기마병에 대해 포병을 획기적으로 늘려 10만을 양성하여 이를 주력부대로 삼아 공격을 시작하면 억압당하고 있는 한족이 호응할 것이며 또 북경에 포로로 잡혀온 많은 조선인이 일어나 적극적으로 협력할 것이라고 생각하였습니다. 그러나 이 시기 북벌을 주장해온 송시열은 효종의 생각과는 달리 다른 꿈을 꾸고 있었습니다. 북벌은 다만 이 다른 꿈에 대한 명분에 지나지 않았습니다.

 이후 두 달 뒤 효종이 죽으니 조선의 북벌정책은 중단되고 '북벌'이란 조선의 희망도 영영 막을 내리게 되었습니다. 그리고 조선은 다시 당파 싸움에 매몰되었습니다.

당백전

# 당쟁의 시기

효종이 죽고 현종(재위1659~1674)이 뒤를 이었다가 1674년 8월 갑자기 세상을 떠나자 숙종이 14살의 어린 나이에 왕위에 올랐습니다.

당쟁은 연산군과 중종 때 겉으로 드러나기 시작한 것이 임진왜란과 병자호란을 겪으면서도 그 끈질긴 생명을 이어오다가 숙종에 이르러서는 붕당정치가 절정에 이르게 됩니다.

그동안 중종은 붕당정치 속에서 왕위에 오르고 선조는 붕당정치를 적당히 이용하여 정치를 하다 나라를 위기에 빠뜨리기도 하고, 인조는 나라를 잃었던 그 때도 붕당을 자신의 왕권을 지키는 데에 활용했습니다. 현종은 왕권을 대신들의 싸움에 이용당하는 허약한 모습을 보이기도 했습니다.

당쟁을 하는 대신들에게는 서로 다투는 명분을 내세웁니다. 그러나 그것은 역사의 흐름 위에서 보면 너무 이기적이고 근시안적입니다. 임금이 서거했을 때 대신들은 상복을 일 년을 입느냐 하는 등의 다툼을 정치논쟁으로 삼는 것입니다.

여기에 숙종에게는 부인이 셋이 있었는데 모두 왕자를 출산하지 못하였습니다. 이를 둘러싸고 대신들 사이에는 왕자의 출산과 세자 책봉에 자신들의 유불리를 먼저 따지는가 하면 유리한 입지를 차지하기 위해 다툼과 모함으로 궁중 안에 피바람을 불러오는 일을 만들기도 하였습니다.

'경국환국'은 삼복의 변이라 불려지기도 하는 환국으로 주모자 이하 훈련대장 등 몇 십 명이 죽음을 맞거나 또는 유배를 갔으며 이로 인해 남인이 쥐고 있던 정권은 서인에게로 가는 등의 정치적 바람이 불었습니다. 1688년 장씨가 왕자를 생산한 일로 생긴 '기사환국', 1694년에 일어난 중전 장씨와 그의 오빠의 음모로 생긴 데서 발단이 된 '갑술환국' 등의 환국은 궁중에서 일어난 사건에 이를 자신들의 붕당에 유리하게 활용하려 한 중신들의 파당 싸움인 것입니다.

무엇이 이땅에 사는 어른들의 눈을 가리나요? 그 뿌리에 있는 것이 무엇인가요?

# 숙종 재위시의 유럽

숙종이 왕위에 있을 때의 유럽은 개혁의 격동기였습니다. 19세기 후반에 산업혁명과 프랑스혁명이 동시에 일어났지만 그 혁명의 자양분이 될 수 있는 일들은 이미 17세기와 18세기의 전반에 유럽 이곳저곳에서 일어 나고 있었습니다. 영국에서는 1666년, 뉴턴이 발견한 만유인력 법칙은 국민의 과학적 사고를 높이고, 1686년에 일어난 명예혁명은 시민의 인격 평등과 존중을 요구하고 있으며, 그리고 1705년에는 뉴코맨의 증기관의 개량이 있고, 그보다 조금전 영국에서는 철광석의 채광이 늘고, 양의 사육이 급격히 증가하였으며 수공업이 소규모 공장 공업으로 바뀌는 등의 사회적 변화가 일어났습니다,

"그런 변화가 역사적인 사건과 관계가 있는 것인가요?"

산업혁명시대의 유럽의 노동자

역사상에 일어나는 어떤 사건, 예를 들면 임진왜란이

나 병자호란 같은 큰 사건들은 물론이지만 원만한 사건들도 갑자기 생기는 것은 아니지요. 그 사건이 일어나기 전에 그 사건이 일어 날 수밖에 없는 조짐이 있는 법이지요.

여름철 생기는 태풍은 그 전에 남쪽 바다가, 여름에 더위를 품었다가 상승한 공기의 흐름에 의해 생기듯 산업혁명도 철강과 광산업, 모직을 짤 수 있는 작은 기계, 그 일들에 종사할 인력의 집합, 그리고 그를 시장에 내다 팔 수 있는 운반 체계, 도로의 계량, 시장의 발달과 교환의 방식, 이런 조건들이 충족될 수 있는 것들이 사방에서 만들어 지고 있을 때, 마치 자동차 부속이 조립공장으로 모여 완성된 차를 만들 듯 완성되는 시점을 우리는 산업혁명이 일어난 시기라고 말합니다.

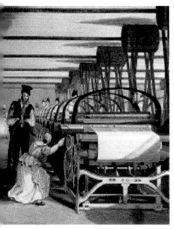

산업혁명으로 상징되는– 방직기

그러니까 근세사회에서 근대사회로 가기 전 이행과정에서 그 부속들이 필요에 의해 만들어지고 성장하는 모습을 그냥 지나칠 수가 없어서, 잠시 유럽으로 간 것이지요. 유럽에서는 이미 근대사회의 모습을 만들어 가는데, 조선은 강가에 나앉아 당파의 논쟁에 빠지거나,

**산업혁명**

산업혁명의 큰 특징은 물건을 대량생산 할 수 있다는 것입니다. 점퍼도, 장갑도, 망치도. 물건을 하나하나 만들면 생산 원가가 높은 데 비해 이를 대량 생산하면 원가가 훨씬 싸집니다. 이것은 다른 사람이 소량 생산한 물건과의 경쟁에서 유리합니다. 산업혁명을 일으킨 영국은 그래서 세계시장을 독점할 수 있게 되었고, 뒤따라 대량생산에 참여한 유럽 일부 국가는 부를 축적하게 되었습니다. 그리고 이 부의 축적은 또 다른 힘을 주지요.

아니면 왕가의 상복의 착용 시기와 학문적 근거 등을 고서적을 들추듯 찾아나서며 논쟁하고 서로 공격하며 한가한 세월을 보내고 있으니 답답하지요.

산업혁명으로 상징되는—증기기관차

300

# 숙종의 업적

조선의 19대 임금이 된 숙종(1674~1720)은 14살의 어린 나이에 왕위에 올랐지만 타고난 임금의 자질로 인해 붕당정치가 극에 달한 그 시기에도 많은 치적을 남겼습니다.

조선시대에는 백성이 세금처럼 국가에 납부하는 물자를 그 지역에서 생산되는 특산물로 납부하던 것이 여러 가지 피해가 생겨 모든 곡물을 쌀로 납부하였다는 이야기는 앞의 대동법 설명에서 잠시 이야기한 바가 있지만 이때는 호남, 충청 등의 일부 지역에 한한

상평통보

것을 전국으로 확대 실시함으로써 대동법의 보완과 함께 백성의 피해를 줄이려 하였습니다. 또한 1678년에는 상평통보를 발행하여 그동안 물물교환 방식으로 거래하던 것을 상평통보라는 일정한 가치를 가진 화폐로써 서로 다른 물건의 교환이 가능하도록 했습니다. 이 상평통보는 백성들이 서로 필요한 물건끼리 바꾸는 데 어려움이 많았었으나 그 불편함을 덜어주게 되었습니다. 사실 임진,병자 양난은 조선 사회를 크게 변화시켰습니다. 백성들은 양반의 무능을 경험했고, 따라서 백성이 자신을 지키기 위해서도 현실에 뛰어들지 않을 수 없었습니다. 농토는 부족해졌고 생활은 다양하게 변하였습니다.

옛날에 비해 생활이 분화되어 필요한 물건들은 많이 늘었습니다. 이에 따라 물건을 서로 교환할 수 있는 장이 생기고, 장은 필요에 따라 며칠에 한 번씩 서기도 하였습니다. 이럴 때에는 가지고 있는 물건의 값을 얼마로 치고, 또 물건에 따라 한쪽이 넘칠 때의 값의 조정이 어려웠습니다. 그러던 것이 숙종이 내놓은 상

**상평통보**

상평통보는 그냥 화폐가 아닙니다. 어떤 물건을 교환하는 데에는 그 물건이 지닌 값을 하나로 통일할 수 있어야합니다. 수학에서 분모가 다른 분수를 합하기 위해서는 그 분모가 같아야 합니다. 숙종의 이런 화폐에 의한 교환방식, 나라에 바치는 세금을 쌀 등과 같이 하나로 통합하려는 생각은 이미 조선에도 유럽과 같은 상업주의 또는 과학정신이 움직이고 있었던 것입니다.

열하일기

평통보야 말로 그런 어려움을 해결해 주었습니다.

따라서 상평통보의 출현은 교환의 어려움만 덜어준 것이 아니라 상업이 발전할 수 있는 계기를 만들어 주었습니다. 세계의 경제가 시장 중심으로 간다는 점을 감안하면 이때의 시장 발달은 조선사회를 근대국가로 갈 수 있는 계기를 만들어 주었다고 볼 수 있습니다.

뿐만 아니라 숙종은 군사제도도 바꾸었습니다. 사실 임진, 병자의 큰 난은 군사제도가 미흡했던 점도 영향이 있었습니다. 균역제도가 있었긴 하지만 전쟁이 없는 세월을 지나오면서 변질되고 유명무실해진 것을 고쳐 훈련별대와 정초군을 통합해 금위영을 신설했습니다. 그리고 오군영제를 만들어 군제를 완료한 것입니다. 또한 '양정'의 군포부담을 2필로 균일화했습니다. 또 1712년에는 북한산성을 개축하여 도성의 방어를 강화했습니다. 그리고 1696년에는 일본 막부에게 왜인들이 울릉도를 함부로 출입하지 못하게 한다는 금지령을 보장받아 울릉도를 조선에 귀속시키는 문제를 매듭지었습니다.

또 사육신에 대한 명예회복을 시켜주고 '노산군'으로 부르던 단종에 대한 호칭을 '단종'으로 올려 부르게 했습니다. 숙종은 재위 46년이라는 긴 시간동안 많은 업적을 남기고 1720년 세상을 떠났습니다.

영월 청령포-
배를 타고 강을 건너면 솔밭 사이에 어린 단종이 살던 거쳐가 있습니다.

# 영조의 탕평책

숙종이 죽고 세자인 경종이 왕위에 올랐으나 그는 4년도 못되어 죽었습니다. 경종은 워낙 병약했던 몸이라 숙종도 염려가 많아 경종의 아들인 연잉군으로 하여금 그 다음 왕위를 이어 왕통을 안정시킬 것을 미리 당부했었던 터입니다.

숙종의 지시에 따라 연잉군이 서른 한 살에 왕위(1742)에 오르니 그가 조선의 21대 임금인 영조입니다. 영조는 심해진 붕당의 폐해를 직접 보아왔고 이를 바로 잡기 위해서는 강력한 왕권이 필요하다는 것을 알고 있었습니다. 따라서 영조는 왕위에 오르자 곧 정권이 어느 한 쪽에 치우쳐서는 안 되므로 권력을 양쪽에 같은 무게로 나누어 주었습니다.

영조의 노력으로 조정은 당색을 뛰어 넘어 재능 있는 인사들을 기용하게 되었고 조정에 들어온 인사들은 서로 논의하여 국사를 처리해 나갈 수 있었습니다. 그

**사도세자**

사도세자는 영조의 아들로 일찍 세자 책봉이 되었으나 그의 약간의 정신 질환 현상이 유교의 가치관으로는 이해할 수 없던 영조로서는 결국 그에게 자진하도록 영을 내렸습니다. 사도세자가 응하지 않자 그를 좁은 뒤지 속에 넣고 아무런 음식도 주지 않은 체 며칠을 넘겨 죽음에 이르게 하였습니다. 그리고 후에 임금의 자리에 오른 정조는 사도세자의 자식입니다.

영조어진

사도세자를 가둬 죽게했다는- 뒤지

러나 이와 같은 정치는 그동안 붕당 정치에 빠져 있었던 대신들의 반발로 정상적으로 이끌어 갈 수가 없었습니다. 그런 반대를 무릅쓰고 탕평정치를 끌어 가려는 영조에게는 어려운 시련도 있었습니다.

영조는 끈질기게 탕평책을 지키기 위해 대신들의 진언을 듣지 않았습니다. 오히려 이는 붕당 정치에 말려든 사도세자가 죽음에 몰렸을 때도 영조는 그를 구하려 들지 않았고 오히려 사도세자에게 자결을 명령하였으나 사도세자는 억울하다며 왕명을 따르지 않자, 이에 화가 난 영조는 세자를 폐한 뒤 강제로 쌀뒤주에 가두었습니다. 그 속에서 물 한 모금 먹지 못한 사도세자는 8일 만에 세상을 떠나고 말았습니다.

탕평책

탕평은 서로 섞는 다는 뜻으로 조선 후기에 들어 당파간의 분쟁이 더욱 더 격화되자 영조와 정조는 각 당파의 인물을 고루 등용하였으며 각 당의 의견도 고루 듣고 정책에 반영하였습니다.

이런 어려움 속에서도 붕당의 폐해를 줄이기 위해 부단한 노력을 하였습니다. 영조의 이런 노력은 당쟁을 없애지는 못했지만 이전에 비해 많은 성과를 가져와서 다음 임금인 정조가 통치를 하는 데에 많은 도움을 주었습니다.

그리고 영조는 죄인을 심문할 때 잔인한 방식의 심문을 금지시켰으며. 당시 민가에서 행해지던 사형제도, 즉 양반이나 힘이 있는 가문에서 양민을 불러 죄를 묻고 벌로 형을 가하던 사사로운 형벌을 금지시키고 모든 형벌은 관에서 공정한 재판을 거친 연후에야 할 수 있도록 하였습니다.

영조는 세자인 사도세자가 죽자 그의 장자인 이산을 10살 때 죽은 효창세자의 양자로 삼은 뒤 왕위를 잇게 하였으니 이가 조선의 22대 왕인 정조입니다.

허난설헌의 묘

# 정조의 시대

 1776년 52년이란 긴 세월동안 조선을 다스렸던 영조가 죽자 세자가 왕위에 오르니 그가 정조입니다. 정조는 아버지 사도세자가 뒤주 속에서 죽는 모습을 보면서 숙종과 영조의 탕평책을 완화하여 왕이 간여하는 준탕평책을 실시하면서 오직 백성을 위한 정치를 하고자 하였습니다.

 정조는 왕실도서관인 규장각을 두어 인재를 길렀으며, 그리고 우선 조선에 시급한 것은 농업을 개간하고 복구하는 일이라고 보았습니다. 왜란과 호란으로 황폐된 농지를 복구하는 것이야 말로 백성을 위한 시급한 길이라고 여겼습니다. 이를 위해 정조는 논밭에 물을 댈 수 있는 수리 사업을 시작하였습니다. 이는 국가의 지원하에 각 지역의 저수지의 뚝을 다시 쌓거나 고치고, 또 그 지역에 맞게 작은 저수지를 만들어 비가 올 때 물을 가두었다가 필요할 때 쓰도록 하였으며, 강화도 및 서해안에는 간척사업을 하여 사용할 수 있는 농지를 늘렸습니다. 이렇게 논에 물을 대기가 수월해지자 밭을 논으로 바꾸는 일이 늘어나고 벼농사와 보리농사를 하는 이모작이 가능한 지역이 늘었으며, 농사에서도 이양법이 전국적으로 보급되어 노동력을 줄일 수 있었습니다. 이와 같은 농사법의 발달로 인해 토지를 넓게 소유하는 광작이 늘어나고 따라서 부농과 빈농이 생겨 사회적 변화를 가져오기도 하였습니다.

1779년에는 서얼도 벼슬할 수 있도록 길을 열었습니다. 그 중에서 박지원 같은 인물은 실력은 있으면서도 서얼이란 이유로 기용을 못하였었던 것을 정조는 그로 하여금 상업 발전을 위한 대책을 내어 실천하도록 하였습니다.

18세기 경부터 상품 유통이 활발해 지면서 농업에서도 상품성이 있는 농산물의 재배가 늘었습니다. 특히 인삼과 담배의 재배는 인기 있는 농산물로 등장하였으며, 고구마나 고추의 생산도 점차 넓혀 갔습니다. 또 지주의 땅을 빌려 농사를 짓고 소작료를 내는 소작인이 늘어나 사회의 불평등을 심화시켰습니다.

재우의 생가???

수공업 면에서도 많은 발전이 있었습니다. 조선 초기의 소규모 수공업은 조선 후기로 오면서 점차 쇠퇴하고 민간 사이에서 이루어지고 있는 수공업이 발달하였습니다. 또 조선 후기에 지방 장사가 크게 확장하면서 그 지역의 상권을 지배하고 있는 보부상이 늘고 또 일정한 날짜에 장을 여는 장시도 활발해 졌습니다. 그리고 시장 상인이 독과점하던 '금난전권'을 폐지하여 장시가 좀더 자유롭게 이루어지도록 하였습니다.

상업이 발달하는 과정에서 매점매석을 하거나 이윤을 독점하는 거대상인이 등장하였습니다. 제주만상 김만덕, 경주의 최부자 등이 등장하고 이들이 연합하여 거래를 하는 상단도 만들어졌습니다. 그리고 이들이 다니는데 도움이 되는 지도가 만들어졌고 그 길목에는 주막이 생겨 전국 어디서나 주막의 영업이 활발했습니다. 조선의 지배층이 아직도 농업에 기초한 성리학에 머물러 있던 시기에 백성들은 새로운 시기를 맞고 있습니다.

이와 같은 사회의 변화는 양반과 상민으로 나뉘어 있

던 조선의 신분제도를 바꿔 놓아 양반과 상민의 엄격한 구분이 무너졌습니다.

"아빠, 지금 이야기 하시는 이 발전은 정조시대에 들어와 갑자기 발전하게 된 것인가요?"

"물론 아니지. 숙종 때 만들어진 '상평통보'는 그때 이미 화폐의 필요가 사방에서 요구되었던 것이지."

임진, 병자 양난을 겪은 백성은 황폐해진 국토에서 살아 남기 위해 거리로 나와 뭐든 하지 않을 수 없었을 것입니다. 그런 속에서 교환의 조건인 화폐의 필요성은 높아져 그 출현을 보게 되었을 것이며 화폐의 출현은 모든 물건의 교환을 편리하게 하고 그것은 다시 상업의 발달을 가속시켰을 것입니다. 거기다 청을 통한 유럽에의 통로가 열려 있으므로 당시 활발한 유럽의 자본주의와 산업이 거침없이 유입되었겠지요.

이런 세계적인 상황과 여건 속에서 영조와 정조의 정치적 안정은 조선을 자본주의와 새로운 물결에 눈을 뜨게 열어준 것이지요.

정조의 사상은 수원 화성에서 분명히 볼 수 있을 것

입니다. 정조는 수원을 조선의 물류 중심으로 만들어 조선의 농업과 상업이 결합된 도시로 만들 생각이었습니다. 그리하여 정조 13년, 당시 농업의 발달을 강조한 정약용에게 설계를 맡기고 채제공에게 축조와 감독을 맡겨 수원성을 완성하도록 하였습니다. 수원은 도성이 있는 한양과 남쪽지방을 잇는 교통의 요지로서 상업 활동이 왕성하게 이루어지고 있는 도시였습니다.

수원성의 공사를 맡은 정약용은 새로운 기술로 만들어진 거중기와 벽돌을 이용하여 놀랍게 짧은 기간 안에 완성하였습니다. 그리고 적군이 성벽을 타고 오를 수 없도록 성의 일정 부분을 튀어 나오도록 하고 대포의 공격에도 쉽게 무너지지 않게 벽돌과 화강암을 적절히 섞어 축조하였습니다. 이렇듯 조선의 개혁에 심혈을 기울였던 정조는 갑자기 병이 나서 1800년 6월28일 48세의 이른 나이에 세상을 떠나고 말았습니다.

# 문화의 중흥

심청전

임진, 병란 뒤에도 청나라는 오랑캐의 나라이며 명나라는 존중되고 배워야 할 나라로 여기고 있습니다. 그러나 청나라를 몇 차례 다녀왔던 박지원, 홍대용 등은 청나라의 새로운 모습을 보았습니다. 당시 북경에 들어와 있는 천주교 신부와 서양 상인, 그리고 그들이 들려주는 서양의 발전된 과학과 기술들, 인권문제 등은 조선으로서는 배워야할 것들이며 이미 청나라는 서양의 문명을 많이 배워 새로운 나라로 변화하고 있었던 것을 볼 수 있었습니다. 이 시기 청나라에는 문화의 꽃이 피던 시기였습니다. 이들은 청나라의 상

**사도세자를 기리는 아들의 효심**

정조의 아버지인 사도세자가 세자로 책봉되었으나 왕위에 오르지 못하고 뒤주 속에서 생을 마감한 아버지의 능침을 양주 배봉산에서 명당인 수원 화성으로 옮기면서 정약용에 지시하여 이를 설계하고 축조된 성입니다. 정조는 정약용을 시켜 당시 최신공법으로 벽돌과 화강암을 섞어 공격과 방어에 잘 못됨이 없도록 안전하게 지었습니다.

공업을 받아들여 농업중심의 정책을 새롭게 발전시킬 수 있다는 것입니다. 또, 지금 조선의 놀고 먹는 선비들을 새 생산활동에 종사하도록 하고 군조직도 농업과 군역을 동시에 병행할 것 등도 주장하였습니다. 이들은 지구 자전설을 주장하고 중국이 세계의 중심이 아니라는 점 등 당시로서는 파격적인 주장을 하였습니다. 또 박지원은 굴뚝을 사용한 모습을 보고 이의 자세한 내용을 〈열하일기〉에 소개하였습니다. 그리고 자신이 쓴 한글 소설〈양반전〉, 〈호질〉 등을 통해 양반들의 무능함이나 그들이 개혁되어야 할 점 등을 소개하였습니다.

박제가는 상공업을 발전시킬 것과 신분 차별을 철폐하고 건설 등에서의 수레 사용과 벽돌의 이용 등을 권장하였습니다. 이런 청의 유학에서 배우고 돌아와 실천을 주장하는 이들의 개혁 사상은 정조에 영향을 주었으나 정조가 일찍 죽고 또 이들은 '서얼'이란 이유로 깊이 등용되지 않아 조선사회에 큰 영향을 미치지는 못하였습니다.

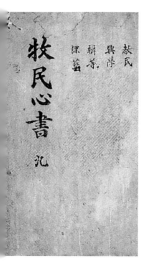

목민심서

또 이 시기는 청나라를 통해 들어온 천주교의 영향을 받은 시기이기도 합니다. 천주교는 나라에서 사교라 하여 탄압을 한 관계로 은밀하게 백성들 사이로 전파되었으나 점차 세력이 커지면서 나라에서는 이들을 탄압하는 '천주교 박해'가 이곳저곳에서 있었습니다. 또 문학이 꽃을 피워 홍길동전, 사씨남정기, 춘향전 등의 소설이 많이 나왔습니다. 이 시기는 그림에서도 많은 작품이 나와 김홍도의 그림, 진경산수화 등이 선보이기도 하였습니다.

**목민심서**
목민심서는 정약용이 지방관의 윤리적 각성과 농민경제의 발전을 다룬 책으로 강진에 귀양 가 있는 동안 저술한 책입니다.

다산 정약용−유배지 (초당)

# 세도정치의 시대

조선의 개혁에 심혈을 기울였던 정조는 갑자기 병이 나서 1800년 6월28일 48세의 이른 나이에 세상을 떠나고, 이제 겨우 11살밖에 안 된 순조가 보위에 올랐습니다. 조정에서는 임금이 너무 어리므로 영조의 계비인 정순왕후가 수렴청정을 하게 되었습니다. 정순왕후가 정권을 잡자 노론은 급진 온건 세력이 천주교를 믿는다는 이유로 정계에서 몰아내니 중앙의 정계는 보수세력인 안동김씨가 정권을 모두 쥐게 되어, 세도정치가 시작되었습니다. 그들은 노론과 함께, 정조가 규장각을 세워 키운 인재들을 물리치고 언로를 탄압하였으며 천주교를 박해하기 시작하였습니다. 이에 남인인 이가환, 정약전 등 실학파는 사형에 처해졌고 정약용은 강진으로 유배되었습니다.

정조의 현륭원 행차그림

순조는 1803년부터 친정으로써 왕권을 강화하고 세도정치를 억제하려 했으나 그간의 세도정치로 인해

'삼정의 문란'만 더욱 심화되었습니다.

"삼정의 문란이란 무엇이지요?"

"삼정이란, 세 가지 중요한 백성의 의무를 말하지. 하나는 세금을 부과하는 데 필요한 토지 대장의 정확한 조사, 둘은 그에 따른 세금의 부과, 셋은 군대의 의무, 즉 병역의무를 말하지."

"셋의 의무가 아니라 둘이네요."

"백성이 이행해야하는 의무는 둘이지요. 세금과 병역, 그러나 여기서 세금을 부과하는 데 필요한 '토지보유대장'을 '전정'이라고 하여 '삼정의 하나'로 삼은 것이지."

"…?"

아빠의 말씀은 계속됩니다. 여기서 말하는 토지보유대장이라고 하는 것은 지금처럼 정확하지도 또 공정하지도 않았기 때문에 문제가 컸던 것이지요.

쉬운 예를 들면 한 백성이 실제로 보유하고 있는 토지의 수량은 100평이고 거기서 수확할 수 있는 양이 50섬이며, 나라에서 그 수확의 20프로를 세금으로 받

절두산-천주교 성지
천주교 신부들이 이곳에
서 처형되습니다

317

아가는 것이 공정하다면 10섬만 세금으로 거둬들여야 하는데, 실제는 그렇지가 않으므로 백성의 원성이 높았습니다.

"실제는 어땠었나요?"

"허위로 백성의 토지양만 늘리면 다음에는 생산 양도 늘고 그러므로 나라에 납부하는 세금의 양도 늘게 되지요."

그러므로 백성들은 감당할 수가 없지요.

"그건 착취네요."

또 '군정'은 지금의 인구조사에 의해 부과되듯 젊은 장정 한 사람이 나라에 대한 병역의무가 지워지는 것이나, 이 역시 지방 관리들에게 뇌물을 준 사람은 빼주거나 감면해 주다보니 그 지역에서 문서에 기록된, 군역을 책임지어야 할 사람의 수보다 실제 군역을 이행해야 할 사람이 적어지므로 한 사람이 몇 사람 몫의 군역을 떠 안게 되는 것이지요.

"그럼 농민은 세금도 말할 수 없이 많이 내야하고 군역도 몇 배나 해야하고, 어떻게 살아가란 말인가요."

강화의 초지진

318

그러니 백성은 이판사판이지요. 어떤 이는 가족과 함께 야밤도주하여 산속으로 들어가 화전민이 되고 또 어떤 이는 돈 많은 집의 종이 되고, 어떤 이는 곡괭이 들고 관아로 쳐들어가 항변하다 죽기도 하지요.

또 환곡(환정)이라는 것이 있는 데 이는 춘궁기에 농민에게 식량과 씨앗을 빌려주었다가 가을에 돌려받는 빈민 구제법인데 이때 빌려준 양을 배로 받는 다든지 하여 마치 지금의 고리대금업자처럼 높은 이자를 받으므로 농민들은 살아가기가 더욱 어려워졌습니다.

이런 삼정의 문란과 빈민구제제도 마저 부패하니 세도정치가 더욱 심해져 나라 곳곳에 민란이 일어났습니다. 엎친데 덮친격으로 1809년에 대기근이 일어나 백성의 삶은 뿌리째 흔들렸고, 1812년에는 평안도에서 홍경래의 난이 일어나 서북인 차별 철폐와 안동 김씨의 정권 타도를 주장하고 나섰습니다.

이후 홍경래난은 1년 뒤에 진압되었지만 왕권이 흔들려 순조는 세도정치의 완화를 시도하였다가 다시 안동 김씨에게 주도권을 넘기는 결과를 낳았습니다. 순조는 건강도 약해지고 정치에 염증을 느껴 아들 효명세자에게 대리청정을 시켰습니다. 효명세자는 아버지 순조의 명에 따라 왕권의 안정에 나섰습니다. 우선 안동김씨를 견제하기 위해 그들을 물리치고 자신의 처가인 풍양 조씨를 중용했습니다.

그러나 효명세자의 건강이 갑자기 악화되어 1830년 21살의 나이로 죽게 되자 아들 효명세자를 통해 왕권을 강화하려던 순조의 꿈도 사라지게 되었습니다.

그후 순조가 승하하자 헌종이 7살의 나이로 왕위에 오르니 그가 24대 왕이 되었습니다. 따라서 조정에서는 순조의 비인 순원 왕후가 수렴청정을 하게 되었고, 이리하여 풍양조씨로 넘어갔던 권력은 다시 안동김씨쪽으로 넘어왔습니다. 이무렵 황해도와 충청도와 전라도 등지에 이양선이 출몰하자 이것이 천주교도들이 불러온 것이라 하여 당시 권력을 쥐고 있던 조만영은 김대건을 비롯한 천주교 신자 9명을 죽이는 일이 있었습니다. 이것이 병오박해입니다.

# 철종.민란과 동학

헌종이 후사 없이 죽자 안동김씨 가문은 자신들이 다루기 좋은 인물을 찾아 강화도에서 농사지으며 살던 이원범을 순조의 아들로 입적시켜 헌종의 뒤를 이어 왕위에 앉히니 이가 25대 철종입니다.

철종은 정조의 이복동생인 은언군의 손자로 그 후로도 집안의 많은 풍파를 거쳐 강화도에 유배와서 농사짓고 살았습니다. 철종이 왕위에 오를 적에 그의 나이 19살이었으나 그동안 강화에서 농사 지은 것밖에는 아는 것이 없으므로 왕으로서의 일을 볼 수 없었습니다. 따라서 순조의 왕비인 순원왕후가 수렴청정을 하게 되었습니다. 철종은 순원왕후가 시키는 대로 국정을 해 나갔습니다.

철종이 왕이 된지 3년이 되어 국왕의 친정이 시작되었으나 그가 할 일은 아무 것도 없었습니다.

1850년 초 관서지방에서 기근이 들어 많은 백성이 죽는 일이 늘어나 철종은 선혜청과 사역원에서 마련한

잠시였나요? 백성들이 부지런히 사는 모습이 보기 좋았었는 데요.

최제우의 탄생지-

돈을 백성들에게 나누어 주었습니다. 그러나 백성들의 어려움은 비단 관서지방만은 아니었습니다. 농민들은 삼정의 폐단을 관아에 고하였으나 받아들이지 않았고 따라서 농민들은 자신들의 힘든 상황을 어디에든 외치고 헛발질이라도 하지 않으면 도저히 참을 수가 없었기에 곡괭이와 낫을 들고 거리로 나왔습니다. 1862년에는 경상도 단성에서, 그리고 진주에서 민란이 일어났습니다. 민란은 전국으로 펴져 경상도의 상주와 전라도 장흥, 익산, 함평 등에서, 그리고 충청도 공주, 은진과 황해도, 경기도와 함경도에서 민란이 일어났습니다.

그러나 해결된 것은 없습니다. 농민항쟁으로 죽어간 것은 농민이고 탐관오리의 압박은 여전했습니다.

이때 농민에게 구원의 빛이 된 것은 '동학'이었습니다.

"아빠, 왜 이렇게 많은 곳에서 농민들의 항쟁이 일어났나요. 다른 해결책이 없었나요?"

"역사를 거슬러 올라가면 임진, 병자 양란으로 황폐해진 농토로 인해 백성들은 먹고 살기 위해 거리로, 이

마을 저 마을로 돌아다니며 일하고, 물건을 바꾸며 연명해 오던 것을 그래도 숙종대에 오면서 나라가 백성의 생활을 도와주기 위해 힘써 와 삶이 나아지기 시작하였지."

그리고 영조와 정조 때에 이르러 임금이 백성을 위한 적극적인 정책으로 토지를 개간하고 저수지를 늘리며 도로 정비와 화폐 발행을 통해 상품의 교환을 용이하게 만들어 백성들의 생활에 활력을 불어 넣던 것이 세도정치가 시작되면서 몇몇 세도가들만 배불리고 이틈에 탐관오리들이 이득을 보게 되니, 백성의 삶이 더욱 어려워지는 것이지요.

"아빠, 세도정치가 무엇이길래 이처럼 온 나라가 갑자기 어려워지나요?"

"이때의 세도정치는 왕위를 물려받는 임금의 나이기 어려 왕가의 어른(대체로 처가의 어른이 됨)이 임금 뒷자리서 발을 걸고 앉아 임금에게 결정할 것을 조언해 주는 것이나 사실은 임금에게 지시하는 것이나 마찬가지지요."

마테오리치 초상화

그러므로 권력은 그 집안 사람에게 돌아가고, 때문에 중요한 직책이나 중요한 결정은 대부분 이렇게 정해지게 되므로 중요 요직은 모두 외가로 가고 이들은 또 나라의 안위보다 자신들의 사리사욕만 채우니 백성들의 생활은 이루 말할 수 없이 어려워지지요. 뿐만 아니라 권력이 그들 손에 있으니 관직을 돈을 받고 사고파는 '매관매직'이 성하여 온 나라가 부패하여지니 고통 받는 것은 백성들 뿐입니다.

"잠깐만요. 나라가 부패하게 된 직접적인 원인이 세도정치인가요 아니면 매관매직 때문인가요."

"원인이 결과를 만들고 그 결과가 다시 원인이 되는 연결고리에 어디를 끊어서, 여기부터라고 말하기 어렵지만 매관매직이란 그 속성이 자신이 돈을 들여 관직을 사면 그 직에서 물러나기 전에 내가 들인 돈보다 더 많은 돈을 만들어 내야 되는 것이므로 부패가 만연해 질 수밖에 없지."

여기에 기근까지 오게 되니 백성들은 믿고 의지할 곳을 잃게 되지요.

그런데 이제는 외국과의 싸움이 아니라 나라 안의 관리와 백성하고의 싸움인가요?

324

# 동학과 조선

이때 등장한 동학은 구원자 같은 생각이 들지요. 동학은 서학(천주교)과 대비되는 종교로 '사람은 모두 존귀하며 모두 평등하다'는 교리와 천주교의 '천주는 인간 각자의 내부에 있다'는 교리가 서로 부합되며 다만 천주교는 서양에서 들어온 종교이며 동학은 우리나라의 자생 종교라는 점이 다릅니다.

백성으로서는 나라가 어지러워 어디로 가야할 지 방향을 못 잡겠는데 임금이나 권력자들은 자신들의 호소를 외면하는데 반해 동학은 '우리에게로 오시오. 우리와 함께 갑시다' 하며 손을 내미니 농민은 동학에 온 몸을 던지려 합니다. 이와 같은 동학은 경주 출신 최제우가 유.불.선 사상과 기독교 교리를 융합하여 창시(1860년)하였으며 이는 급속하게 퍼져나가 1863년에는 교인이 3천여 명에 이르렀습니다. 그리하여 농부는 나랏님보다는 동학이 자신들을 구원해 줄 것으로 믿게 되었습니다.

천주실의
천주실의는 중국 북경에 있던 마테오리치 신부가 한역한 책이며 중국인이 천주교를 이해할 수 있도록 꾸민 책입니다.

"당시 조선에 영향을 주는 사건은 이뿐만이 아니지."

"그럼 뭐가 또 있나요?"

"서양의 자본주의는 인도를 지나 동아시아에서 식민지 쟁탈전을 벌이고 있지요."

그리고 서양의 열강들은 중국의 텐진에서 통상협상을 벌여 중국의 개방을 요구하며, 일본은 젊은 장교를 중심으로 1868년 메이지 유신을 일으켜 일본을 서양화하려는 움직임이 활발하게 진행되고 있습니다.

"그럼 황해도와 충남, 전라도 앞바다에 나타났다는 이양선은 우연한 것이 아니었네요."

"그런데 조선의 세도가들은 이런 국제 정세에는 아랑곳하지 않고 집안끼리 정권이나 나눠 갖고 자신의 이익이나 탐하니 그 나라의 장래는 불보듯 뻔하지요."

"아빠, 무엇이 지도자들을 이렇게 바보로 만들었나요?"

어둠 속에서도 시대는 바뀌어 흥선대원군 시대부터 역사학자들은 '근대사회'로 분류합니다.

강화 덕진진

# 흥선대원군

철종이 후사 없이 떠나자 효명세자의 부인이며 풍양 조씨인 조만영의 딸인 조대비가 왕실의 어른으로서 이하응의 둘째 아들인 이명복을 효명세자와 자신의 양자로 입적시킨 후 왕위에 오르게 하니 이가 조선의 26대 왕이 되었습니다. 1863년 12월의 일입니다.

이때 고종의 나이 12세이므로 조대비가 수렴청정을 하게 되었습니다. 그런데 고종의 뒤에서 고종이 왕이 되기만을 학수고대하며 자신의 됨됨이를 낮추며 기다려온 사람이 있었으니 이가 곧 이하응 흥선대원군입니다. 흥선대원군은 고종의 아버지로, 그동안 안동김씨의 세도정치를 보아오면서 그들의 잘못을 머리에 세겨 왔었습니다. 그러면서도 그는 그에게 비판적인 태도는 물론이고 판단력이 부족한 사람처럼 행동해 왔었습니다.그래야 아들이 없는 철종의 대를 이을 수 있으리라 믿고, 또 그렇게 되기를 간절하게 소망해 왔었습니다.

흥선대원군 어진

이런 흥선대원군의 생각은, 고종을 왕으로 앉힌 조대비의 이해 관계와도 맞아 떨어졌습니다. 조대비는 풍양조씨로 안동김씨의 세도정치에 불만이 많았습니다. 때문에 흥선대원군으로 하여금 안동김씨의 세력을 물리쳐 주기를 바랐습니다.

흥선대원군 역시 그동안 안동김씨의 만행을 많이 보아 왔으므로 이들을 몰아내야 나라를 바로 잡을 것이라 믿었습니다. 흥선군의 앞에 놓인 문제는 너무 많았습니다. 우선 세도정치의 통치기반을 축소시키고 안동김씨로서 이익을 지나치게 탐한 사람을 몰아내는 일, 그리고 특히 농민의 원성이 컸던 환곡의 폐단을 바로 잡기 위해 곡물 대여 기관을 세웠습니다.

"환곡의 폐단이란 무엇인가요?"

"환곡은 앞서 말했듯이 춘곤기, 즉 '보릿고개'라고 말하는 시기에 나라에서 농민에게 곡식을 빌려주었다가 가을에 추수하면 약간의 이자를 붙여 갚게 하는 제도이지."

"그거, 백성에게는 좋은 제도로 보이네요."

릿고개 이야기(!)
릿고개란 겨울과 봄 사이의
기에 식량이 부족하여 지내
가 몹시 어려운 때를 말합
다. 경제 수단이 농사 외에
없던 시기에는 가을에 수
을 해도 그 해 봄에 농사가
작할 때 먹거리와 씨앗이
족한 식량을 정부나 장리업
(고리대금)로부터  곡식을
리고 가을 추수해서 갚기로
지요.

옥천척화비

"좋은 제도이지, 구휼제도라고 어려운 백성을 구제하기 위한 제도이지. 그 좋은  제도마저  관리들은 악용하여 추수 때 갚는 이자를 높게 매겨, 마치 지금의 고리대금업과 같았지."

"나라가 백성을 상대로 고리대업을 한 것이네요."

"관리가 고리대를 한 것이지, 가난한 백성을 상대로."
 대원군은 이런 폐단을 바로 잡은 것이지요. 또 평민과 양반에 대한 세금 징수를 균일하게 하였습니다. 그리고 군포를 일정하게 하기 위해 양반과 평민 가릴 것 없이 동일하게 '호포제'를 실시하였습니다. 그리고 부패의 온상이 되었던 서원은 약간만 남기고 모두 철폐하였습니다.

"또 호포제는 무엇이지요?"

"호포제는 지금으로 말하면 주민등록증과 같지."

"그럼, 없는 사람도 있다고 한 허수아비 같은 사람들은 없어지겠네요."

"흥선군의 초기 정책들은 백성들의 환영을 받았지요."
 또 밖으로는  개항을 요구하는 서양의 상선에 대해서

고종황제 어진

도 흥선대원군과 같은 방식으로 할 수밖에 없었을 것입니다. 그렇게 하나하나를 순서대로 개항하는 것이 조선으로서는  맞는 방식이었습니다. 그러나 외국의 상선이 그를 기다려 주지 않았습니다.

"아빠, 상선이란 지금의 무역선이나 화물선 같은 것이잖아요. 그런 배가 무슨 공격을 할 수 있어요?"

그 시대의 상선이란 무장을 한 준군함 같은 것이지요. 선원도 모두 군인이고요.

고종이 왕위에 올랐을 때는 이미 한반도 주변에는 서양의 배들이 중국 등을 넘어 조선과도 통상을 위해 항구에 무단 정박하고 해안의 경비 상황을 살피는 선박들이 점차 늘어나고 있었습니다.

1866년에는  흥선대원군은 천주교도들이 프랑스 세력을 끌어들여 혼란을 조장한다 하여, 프랑스 선교사 9명과 국내에 거주하는 천주교 신자 수천 명을 처형하는 일이 있었으며 이를 '병인박해'라고 합니다. 이 사건으로 프랑스는 프랑스군 600여 명을 7척의 함대에 나눠 타고 강화성을 점령하는 일이 있었습니다.  그리

> **구휼제도**
> 고려시대부터 전해오던 제도로 평상시에 곡식을 저장해 두었다가 흉년이 들면 곡식을 나누어 주는 빈민구제제도입니다.

330

척화비

고 1871년에는 미국의 함대는 200여 명의 병력을 이끌고 지난 1866년 대동강에 들어왔다가 미국상선이 불태워지는 일에 대한 책임자 처벌과 조선측의 사과를 받고 물러나는 일이 있었으니 이것이 신미양요입니다.

미국을 비롯한 프랑스, 독일 등의 군함이 큰 성과를 얻지 못하고 물러나자 대원군은 전국 각지에 척화비를 세워 외세 침탈에 대한 단호한 입장을 보였습니다.

**병인박해**

병인박해는 대원군에 의해 1866년부터 5년간 지속된 천주교 박해사건입니다. 이는 충청남도 공주, 청주, 해미, 천안지역에서 신자들과 프랑스 신부 등이 체포되고또 국내 신도 수천 여 명이 순교하는 사건입니다.

천진암 천주교성지

# 강화도 조약

대원군은 프랑스,미국,독일 등의 군함이 물러나자 외국의 통상 요구에 자신을 가진 듯했습니다. 그러나 정말로 조선을 틈틈이 엿보고 있던 일본은 아직 모습도 보이지 않고 있었습니다.

일본은 서구화를 위해 일어났던 젊은 장교들 사이에 일본을 통일하고 남은 에너지를 '정한론'에 사용해야 한다는 주장이 모아지고 있었습니다. 따라서 그들은 조선 침략의 틈을 엿보며 시기를 저울질하고 있었습니다. 이때 조선은 흥선대원군이 최익현의 거듭된 상소로 물러나고 고종의 친정이 시작되면서 다시 외척이 권력을 잡는 세도정치가 시작되었습니다. 민승호, 민태호, 민경호 등은 북학파에 속하는 당색으로 통상교역과 개화정책에 우호적이었습니다.

그리하여 이들은 고종과의 면담에서 개화의 필요성을 역설하여 고종으로 하여금 외국과의 통상을 적극적으

운요호

천도교 중앙대교당

로 권장하였습니다.

 이러한 때에 일본은 1875년 9월 근대식 함선인 운양호를 강화도로 보내 측량을 빙자하며  조선의 공격을 유도하였습니다. 그리고 서해안의 해안선을 따라 올라오며 측량을 하였고 마침내 강화도 앞바다에 정착하여 조선의  공격을  기다리다가, 조선군이 공격하자 이를

초지진

빌미로 조약을 체결하지 않으면 한양을 공격하겠다며 겁을 주니 마침내 고종은 일본과 강화도에서 조약을 체결하게 되었습니다.

강화도 조약에 의하면 1.조선은 자주국이며 2.부산 등 세 곳의 항구를 개방하여 일본의 상선이 마음대로 드나들면서 상품을 거래할 수 있으며 3.조선 해안의 자유로운 측량 4.일본 상인의 자유무역 5.치외법권을 둘 것 등 5개 조항의 통상조약이 1876년 체결되었습니다. 이 강화도 조약은 일본에게 매우 유리하고 조선에는 불리한 대표적인 불평등조약입니다.

"아빠 이 조약이 왜 불평등조약인지 잘 모르겠어요. 또 조선은 왜 일본의 이와 같은 불평등한 조약의 체결에 응했나요?"

"하나하나 설명하마."

우선 1항의 '조선은 자주국'임을 선언한 것은 조선과 청국과의 밀접한 관계를 떼어 놓아 앞으로 일본이 끼어들 틈을 만들어 놓은 것이며 2항의 '부산 등 세 곳을 개항하라' 는 것은 앞으로 조선을 일본의 시장으로

광성보 포대

삼기 위해 항구를 마음대로 사용하겠다는 것이며, 3항의 '조선 해안의 자유로운 측량'이란 주권국가를 자신들이 관리하겠다는 것이나 마찬가지이며, 4항의 '일본상선의 자유무역'은 앞으로 조선을 일본의 시장화하겠다는 것이며, 5항의 '치외법권'을 두겠다는 것은 요즘의 외교관 특권과 같이 어떤 범죄를 범해도 그곳

중림동 약현성당

(치외법권지대)에만 오면 조선의 치안이 간섭할 수 없는 지역을 두겠다는 것이므로 이는 조약이라고 할 수 없지요.

이후 조선은 일본과 강화도 조약을 체결한 이후 서로 왕래가 빈번해졌으며 청국에도 왕래가 잦으면서 개화의 필요성을 깨닫고 '통리기무아문'을 설치하였으며 1881년 5월에는 별기군을 창설하여 신식무기로 무장을 하여 일본 교관에게 훈련을 받게 하였습니다. 그러나 한편 영남에서는 민씨일가의 개화정책에 반대하는 유생들은 일본과 결탁되어 있는 개화당을 축출하라는 '위정척사운동'을 일으켰습니다. 그러는 동안 조선정부는 '신사유람단(조사시찰단)'을 일본과 청나라에 파견하여 통리기무아문의 운영에 대해 배우려 하였습니다.

# 혼란한 바람

"아빠, 조금 천천히 설명해 주세요 뭐가뭔지 어수선하기만 해요."

"내가 설명하면서도 그렇다는 생각이 든다. 이 때는 시대적으로 너무 빨리 변화가 심하고 짧은 시기에 많은 사건과 정책들, 주장들이 난무하면서 지도자뿐만 아니라 지식인과 유생들도 정신을 차릴 수 없었을 것이다."

"왜 갑자기 그렇게 바빠졌나요?"

"아마도, 지금까지 내부에서 서로 자신들의 이득에 골몰하다가 일본의 운양호사건 등을 목격하면서 현실적으로 너무 늦었다는 생각과 위협을 동시에 느끼면서 조선을 하루 빨리 개화시키고 발전시켜 외세에 대항해야겠다는 자각들이 생긴 듯한데..."

"아빠, 잠깐만요. '조선을 하루 빨리 개화시키고 발전시켜' 이 말은 어디서도 들은 이야기 같은데요."

19세기 후반부터 20세기 초까지는 세계 곳곳에서 지

## 격랑의 물결(1)

이 시기는 서양에서도 사상의 혼란 속에 있었습니다. 산업혁명 이후 눈 앞에는 새로운 물건들이 쏟아져 나오고 작은 공장들은 큰 공장에 병합되고 물건의 값은 며칠 사이 폭락합니다. 그래서 실업자는 거리에 쏟아져 나오고 노동자는 파업를 외치고, 새로운 사상과 새로운 학문이 쏟아져 나오고, 세상은 급격히 바뀌고 있었습니다.

식인들이 앞장서서 국민 또는 농민의 계몽운동을 벌였지요. 러시아에 공산주의 혁명이 일어날 때도, 일본의 메이지 유신 이후에도, 비슷하게 지식인들이 농민의 계몽운동을 벌였었지요. 농민이 깨어나야 개혁이 성공할 수 있다고 여겼습니다. 우리나라의 초기 개혁을 주장하는 젊은 지식인의 생각도 비슷했겠지만 그때는 그들의 힘이 워낙 약했었습니다.

사실 이때 이런 생각들을 사회적인 큰 그릇에 담아 토론하고 반론해 가며 실행하고 수정하면서 많은 사람의 지혜를 모아 하나하나 실천해 갔다면 얼마나 좋았을까 하는 생각이 듭니다.

"왜 그러지 못했던 것인가요?"

백성들의 먹고 사는 문제를 관리들이 외면을 하니 다른 나라들이 침략의 틈을 엿보지요.

시간이 없었지요. 그리고 외세에 의해 큰 문이 열리고 서양의 사고와 문명, 일본의 침략 의혹이 쏟아져 들어올 것 같은 현실에서, 아직 조선은 구시대에 머물러 있고, 또 정리되지 않은 생각들이 각자의 주장에 쌓여 서로 충돌하고 공격하면서 혼란이…, 사상의 혼란, 실천 순서의 혼란만 가중되었지요.

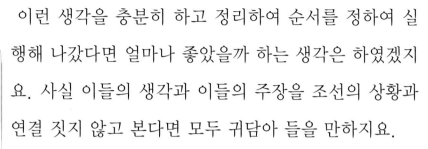

이런 생각을 충분히 하고 정리하여 순서를 정하여 실행해 나갔다면 얼마나 좋았을까 하는 생각은 하였겠지요. 사실 이들의 생각과 이들의 주장을 조선의 상황과 연결 짓지 않고 본다면 모두 귀담아 들을 만하지요.

다시 한번 설명하면, 대원군이 세도정치를 하던 안동 김씨로부터 정권을 가져온 것은 바른 정책이지요. 따라서 왕권을 바로 세운 것도, 그리고 서양의 배가 여기저기 다가와 통상을 하자고 하는 마당에 우선은 문을 잠그고 조선이 필요한 순서에 따라 교역을 하겠다는 것도 잘못된 것은 아니지요.

"그런데 왜 갑자기 바빠지고 어수선해졌나요?"

"두 가지 강한 동력이 그렇게 만든 것이지."

"그 '두 가지 동력'이라는 것은 무엇인가요?"

하나는 외세이지요. 서양의 통상요구, 청의 간섭, 그리고 무엇보다 일본의 침략 야욕입니다. 여기에 또 하나의 동력은 국내의 통합되지 않은 여러 세력이 개혁이라는 목표는 같으나 방법이 다른 세력들이 서로 주도권을 쥐려는 다툼으로 조선은 갑자기 바빠지고 혼란

**두 가지 동력 가운데 하나**
하나는 당시 지식인의 잘못이 컸지요. 지직인들은 이런 시기에는 시행착오를 하는 경우가 많습니다. 그 한 예로 일제치하의 지식인들이 일본의 간섭에서 벗어 나자면서 일본의 문화로써 조선의 학생과 백성을 계몽하고 가리키려 했습니다.

**신사유람단**

신사유람단은 선진국의 발전된 산업시설을 보고, 조선이 나아가야할 방향을 만들기 위해서 였습니다. 동기는 좋았으나 그 시찰국이 일본한 나라이며, 그런 시찰이란 시찰국이 된 나라를 따라가게 마련입니다. 그러므로 조선의 신사유람단이란 '일본 따라하기'를 배우려는 것이 됩니다.

스러워졌습니다.

우선 국내는 대원군에 맞서서 고종과 연합한 민비의 세력이, 여기에 구식군대와 신식군대와의 충돌이, 이때 주도권을 쥔 구식군대를 자신의 편으로 만든 흥선대원군, 이를 다시 빼앗기 위한 민비에 의한 청의 개입 요청, 이때를 놓치지 않고 들어온 일본군의 조선 주둔, 여기에 일본을 지지한 개화사상을 가진 젊은 정치인들이 엉켜 조선은 수습하기 어려운 국면으로 접어들었지요.

독립신문

# 갑신정변

 임오군란 때 청군의 개입으로 흥선대원군은 민비에게 권력을 내어주게 되고, 민비는 정권을 잡으면서 개혁을 시작했습니다. 민비는 친청(청국에서 배우자는)의 '온건보수정권'을 끌어들여 개혁을 해 나가려 했지만 청과의 관계를 끊고 자주적으로 개혁해야한다는 '급진개혁파'와 대립하게 되었습니다. 이들 급진개혁파는 일본을 지지하는 세력이었습니다. 김옥균,박영효, 홍영식 등으로 이들은 발전된 미국과 일본으로부터 새로운 문명을 배우자며 미국에 사절단을 보냈습니다.

 이들은 민비의 세력을 물리치고 청나라의 내정간섭에서 벗어나기 위해서는 일본처럼 서양의 과학과 기술뿐 아니라 제도까지도 받아들여야 한다고 주장하는 쪽이었습니다. 따라서 이를 위해 김옥균의 제안으로 박영효의 집에 모여 우정국 낙성식날 청나라와 민비 및 보수 수구세력(온건개혁파)을 밀어내기로 거사 계획을 세웠습니다.

1884년 10월 창덕궁 옆에 자리잡은 우정국에서 개국 축하연회를 열 때 거사하기로 한 급진개혁세력은 연회가 무르익은 밤 10시경 인근 민가에서 갑자기 불길이 치솟자 군대가 들이닥쳐서 그 자리에 있던 수구파를 처단하기 시작했습니다. 이들 세력은 다시 고종이 있는 창덕궁으로 몰려가 고종에게 청군이 난리를 일으켰으므로 일본군이게 호위를 요청하라고 거짓 고하였습니다. 고종은 일본군에게 진압을 요청하고 황급히 왕비와 함께 경복궁으로 몸을 피했습니다.

"아빠, 왜 조선의 군대는 없었나요. 임금이 일본군에게 진압을 요청하게요?"

"고종께 일본군에게 진압을 요청하도록 권한 대신들도 그렇고, 또 경황이 없다고 대신들의 진언을 받아들여 일본군에게 진압을 요청한 임금이나 당시의 사람들이 한 일을 보면 참으로 어처구니 없다는 생각이들지."

이렇게 '갑신정변'이 일어났고, 이는 조선을 최초의 근대국가로 만들려는 정치개혁운동이라고 말합니다.

제물포 개항

전주 풍남문

"아빠, 전 무슨 이야기인지 모르겠어요?"

"나도 잘 납득이 가지 않는다. 이 정변이 최초의 근대국가로 가려는 개혁이라고 보는 것이..."

아침이 밝자 그들은 새로운 정부구성안을 발표했습니다. 그리고 고종에게 14개 항목의 개혁안을 제시하였습니다. 그 내용은 청나라에 조공을 바치며 섬기던 관계를 폐지할 것, 문벌을 폐지하여 모든 배성에게 평등한 권리를 보장할 것, 능력에 따라 관리를 임명할 것 등이 포함되었습니다. 이 조항만 보면 조선을 근대국가로 만들려는 의지가 담겨 있습니다.

"'근대국가로 만들려는 정치개혁운동'이라는 말은 맞는 것 같기도 하구나,"

정변을 일으킨 지 사흘째 되던 날, 고종이 이들의 개혁을 받아들여 실천하려 했습니다. 그러나 민비가 급진개혁세력의 정변임을 알고 청군에게 지원을 요청하자 청나라 군대가 궁궐로 쳐들어와 급진개혁파를 잡아들이고, 처단하자 일본군은 철수하게 되었습니다. 일본군만 믿고 갑신정변을 일으킨 급진개혁파의 꿈은 사라지고

**한성조약**

급진개혁파의 정변 실패로 급진개혁파들이 일본으로 쫓겨가서, 일본을 지지하는 세력이 사라지게 되자 일본은이 정변의 진압과정을 문제삼아 조선정부와 '한성조약'을 맺습니다. 당시 청국은 베트남 문제로 이를 돌아볼 겨를이 없었습니다.

343

**천진조약**

천진조약의 요점은 청일 양국은 조선에 무슨 일이 있을 때 서로 연락한 뒤 파병한다는 것입니다. 이로써 일본의 조선 침략의 준비는 한걸음 더 다가서게 되었습니다.

김옥균, 박영효 등은 일본군과 함께 인천으로 피신하였다가 결국 일본으로 망명하였으니 이들이 꿈꿨던 정권은 '3일 천하'가 되었습니다. 그러나 갑신정변이 성공을 거두지 못한 이유는 또 있습니다.

그것은 당시 백성이 개혁파에 반감을 가지고 있었습니다. 그것은 대체로 급진개혁파들이 추진하려는 개혁이 너무 성급하여 백성의 공감을 얻지 못했고, 또 그들이 친일본적인 개혁성향이라는 것도 마음에 들지 않았던 것입니다.

갑신정변은 준비도 부족했을 뿐만 아니라 목적의식만 강했지 정치력이 너무 미숙했습니다. 갑신정변이 끝나자 일본은 이 책임을 모두 조선정부에 돌려 '한성조약'을 체결한데 이어 청국이 베트남의 문제를 아직 해결하지 못하고 있는 동안, 이를 계기로 청국이 조선에 더는 간섭하지 못하도록 하기 위해 이홍장을 움직여 일본의 이토 히로부미와 1884년11월 '천진조약'을 또 체결하였습니다. 이 조약으로 청일 양국은 조선에 무슨 일이 있으면 서로 연락을 하여서 파병한다는 약속입니다.

"아빠, 왜 일본과 청나라는 조선에 군대를 진출하는

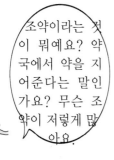

조약이라는 것이 뭐예요? 약국에서 약을 지어준다는 말인가요? 무슨 조약이 저렇게 많아요?

문제를 조선의 의견은 묻지도 않고 자기네끼리 의논해서 결정을 하나요?"

"이는 아주 어린애 같은 말로 표현하면 서로 '상대의 허락 없이 먼저 먹으면 안 돼. 알았지!' 하는 이야기나 같은 것이지요."

일본이 청과 이와 같은 약속을 하는 것에는 앞으로 그들의 계획이 깔려 있는 것이며 조선은 이런 외국의 음모의 늪에 빠져들고 있는 것이지요.

서울 우정총국

345

# 갑오개혁

그러나 천진조약 후에도 조선에 대한 청국의 간섭은 변함이 없자, 고종은 서방의 여러 나라와 교류를 시작하였습니다. 위기감을 느꼈던 것이지요. 1884년에는 독일과, 1885년에는 러시아와, 다음해에는 프랑스와 수교를 하여, 청과 일본과의 영향력에서 벗어나려 했습니다. 그리고 그중에서도 〈한성주보〉를 발행하고 근대 교육기관인 육영공원과 근대식 병원인 광혜원을 세웠습니다. 그리고 교육기관으로는 배재학당, 이화학당 등 많은 학교를 세웠습니다. 고종이 각 나라와의 수교를 서두르자 외국은 자국과의 이해 관계에 따라 수교를 방해하기도 하였습니다.

"고종의 이런 정책 결정이 청국이나 일본에만 한정된 외교에 비하면 잘하는 결정이잖아요?"

"그렇지. 그러나 때가 너무 늦었던 탓에 오히려 다른 나라들에 조선의 약점만 보이게 되었지."

**배제학당과 이화학당**

두 학당은 1885과 1886년 서양의 선교사가 세운 학당으로 고종이 이를 교육기관으로 인가하여 세운 현대식 교육기관입니다. 고종은 백성을 교육하고 가르치는 것이 시급한 것이라 생각했지요. 그러나 이것도 저것도 너무 늦었습니다. 세상은 급변하고 조선을 노리는 열강은 이미 한 발 조선에 들여 놓고 있습니다.

이토히로부미

"자국을 방어할 힘이 없는 허약한 자의 두려움 같은 것이랄까. 맹수에 쫓기는⋯⋯"

"아빠, 표현이 너무 가혹해요. 우리의 조국인데⋯⋯"

"아빠, 그리고 고종이 갑자기 교육기관을 늘리는 것은 조금은 이해가 가지만 지금 이때에 할 일이 많을 텐데요."

"고종의 생각은 깨우친 백성이 모두 일어난다면 나라를 지킬 수가 있는데 자신이 믿는 백성은 아직 깨어나지 않으니 지금이라도 백성이 하루 빨리 깨어나기를 바라는 마음이겠지."

한편 청나라가 정치에 간섭을 할 때 일본은 조선에서 쌀과 콩을 수입해 갔습니다. 사실 말이 수입이지 일본은 토지가 척박하여 오래전부터 조선의 맛있는 쌀을 원했으며 그를 대량으로 가져감으로 조선은 금방 쌀이 부족하게 되었습니다. 또 함경도 지방에서 많이 나는 콩도 역시 일본은 마구 수입해 감으로 해서 농민들의 항의가 심해지자 함경도 관찰사는 한때 방곡령을 발표하였습니다. 그러나 일본의 항의가 심해지자 방곡령은

1885년 당시의 광혜원

곧 풀렸으나 농민의 원성은 더해만 갔습니다,

"그래도 일본은 수입해 가는 것이잖아요?"

"그렇지, 약탈하거나 강제로 빼앗아 가는 것은 아니지, 그러니 무슨 문제될 것이 있겠냐는 것인 듯한데...."

"예."

농산물은 공산품과는 다릅니다. 공산품은 공장에서 생산하는 것이므로 수출이 잘 되어 생산품이 부족하면 야근을 해서라도 생산량을 늘리면 되는데 농산물은 일 년에 한 번, 그것도 제한된 토지 위에서 생산되는 곡물이라 생산량을 조절할 수가 없어요. 그러므로 그해에 생산된 곡물을 마구 수입해 가면 농민이 먹을 양식이 부족해지지요.

# 갑오농민운동

1892년 동학농민들은 교조인 최제우의 억울한 죄를 씻어달라고 나라에 청원(교조신원운동)을 하며 봉기를 했습니다. 이 봉기는 충청도에서, 전라도 등지에서 일어났으며 이는 점점 세력이 커지면서 본래의 교조신원운동에서 이제는 반봉건 투쟁과 반외세 투쟁도 함께 벌이면서 세력이 점점 커졌습니다. 전봉준이 이끄는 농민군은 고부군을 점령하고 창고를 열어 정부 비축미를 풀어 일부를 농민에게 나눠주고 일부는 군량미로 삼아 북으로 진격을 했습니다. 어느덧 전봉준이 이끄는 동학농민군은 전라도를 모두 점령하고 북으로 진격하자, 조선 정부는 그들의 요구를 들어 주겠다며 일단 그들을 진정시키면서 한편으로 청군에 지원을 요청하였습니다. 청군은 1천5백 명의 군사를 파견하였습니다. 이를 알게 된 일본군은 청군에게 천진조약을 상기시키며 7천5백 명이나 되는 일본군을 조선에 상륙

전봉준- 옛집

시켰습니다 이에 조선 농민군은 청군과 일본군이 조선에서 서로 싸울 염려가 있겠다는 생각에 조선 정부와 전봉준이 만나 '전주화약'을 맺었습니다. 전주화약에는, 탐관오리의 처벌, 과도한 세금 조정, 노비문서 폐기 등의 요구안을 내고 정부의 권고를 받아들이기로 하며 헤어졌습니다.

### 전주화약 이후

동학농민운동으로 들어온 청군 1천5백 명, 그에 대응하여 들어온 일본군 7천5백 명, 두 나라 군의 집결은 그 결과가 뻔합니다. 때문에 동학군은 조선에서 일어날지 모르는 분위기 때문에 해산을 했으나 두 나라는 조선이 바라던 것처럼 들어주지 않았습니다. 그 후 조선의 궁궐에서는 낭인들에 의한 끔찍한 사건도 벌어졌습니다.

고부관아 터- 표지석

# 동학농민운동

조선 정부는 농민군이 해산하자 일본과 청나라에 철군을 요청하였으나 일본은 조선에서 다시 내란이 일어날 수 있다는 이유를 내세우며 철군에 응하지 않았습니다. 일본이 노골적으로 조선의 정치에 간섭하기 시작하자 이를 본 농민군이, 일본군의 철수와 친일정권 타도를 외치며 다시 일어나니 이것이 2차 동학농민운동입니다. 2차 동학농민운동을 이끄는 전봉준은 충남 논산에 모여 조직을 정비한 뒤 공주를 향해 진군했습니다. 공주 남쪽 우금치 고개에서 일본군과 만난 동학군의 열정이야 대단했지만 상대는 신무기로 무장한 일본군을 당할 수는 없었습니다. 동학군은 9천여 명이 넘는 농민군을 잃고 패배하여 흩어진 병사들은 뒤따라오는 일본군과 관군에 의해 패하고 전봉준도 부하의 밀고로 관군에 사로잡히면서 동학농민군의 저항은 막을 내렸습니다.

우금치전투

1894년 전봉준은 친일 정권에 항거하기 위하여 4000 여 명의 농민군을 이끌고 공주로 올라오다가, 공주 우금치에서 정부와 일본의 연힙군을 만나 전투를 벌였으나 일본군과 조선군의 화력에 밀려, 농민군을 해산하고, 12월 전봉준은 순창에서 체포되어 서울로 압송되었다가 교수형에 처해졌습니다.

이후 일본은 조선의 정치에 깊숙히 간여하여 김홍집 등 친일 내각을 구성하여 일본식 갑오개혁을 진행하였습니다. 내각은 홍범14조를 만들어 발표하였습니다. 그에는 청과 조선과의 관계를 끊는다는 조항이 있으며 이는 앞으로 조선은 일본이 관리하겠다는 의미가 내포되어 있습니다.

동학혁명 백주년기념 탑

# 청일전쟁, 삼국간섭

1894년 일본군은 아산만에 정박하고 있는 청국 군함을 기습 공격하고, 8월에는 4천여 명의 일본군이 평양에서 3천여 명의 청군을 격파한 뒤 청국이 조선에서 물러나도록 하였습니다. 또 일본의 해군은 청국의 북양함대를 공격하여 대승을 거두었으며 다시 청의 여순항을 공격하여 승리하였습니다.

이와 같이 청일전쟁이 일본의 일방적인 승리로 끝나자 당황한 청은 일본에 강화를 요청하였습니다. 이에 양국은 조선의 완전 자주국의 인정, 배상금 2억 냥 등을 골자로 하는 내용의 조약을 시모노세키에서 체결하였습니다. 이로써 일본은 청나라로부터 조선의 내정간섭을 공식 인정 받은 것입니다.

그러나 이를 지켜보고 있던 러시아, 독일, 프랑스는 일본에 대해 청으로부터 할양받은 곳을 다시 청에게 돌려주도록 압력을 가해, 일본은 이를 다시 청에 돌

안중근 의사

려주게 되었으며, 이를 '삼국간섭'이라고 합니다. 이처럼 열강의 간섭으로 다시 조선은 혼미스런 정국으로 빠져들자 이에 위기감을 느낀 일본은 고종의 비인 민비의 시해 사건을 모의합니다. 8월 19일 경복궁에서 연회가 벌어져 어수선한 밤이 지난 새벽 일본의 낭인들은 경복궁에 기습하여 민비를 시해했습니다. 이를 '을미사변'이라고 합니다.

일본은 내친김에 일본식 개혁을 마무리하는 동안 고종은 민비의 시해로 더욱 위기감을 느껴 은밀히 러시아 공사관으로 피신하였습니다. 이를 '아관파천'이라고 합니다.

"아빠, 정말로 상황이 너무 급하게 변하는 것 같네요."

"글쎄, 어떻게 말을 해야할지..., 민비의 시해로 위기감을 느꼈다고는 하나 임금이 다른 나라의 공사관으로 간 것도, 게다가

354

망난이들이 돌어와 남의 나라 국모를 시해하고, 임금은 시중 하나 없이 외국의 공관으로 피신하고...

시중도 없이 단지 세자와 단 둘이 피신을 한 처사를 어떻게 말해야 할지 모르겠습니다. 다음부터는 어느 신하도 접근할 수 없게 러시아 공사에서 막고 있으므로 고종을 알현할 수 있는 사람은 통역을 맡은 김홍륙뿐이었습니다.

"아빠, 잠시만요. 시중도 없이 러시아 공사관으로 피신했다는 것이 무슨 말이죠?"

"고종이 불안해 하는 모습을 보고 친러파인 이범진 등이 엄상궁에게 돈을 넉넉히 주고 고종을 은밀히 피신하도록 말씀 올렸고, 고종은 좌우 살피지 않고 그날 밤으로 가까이 있던 신하 몇 명만을 거느리고 러시아 공사관으로 갔으나 공사는 고종과 세자 그리고 통역관만을 들여보내니 갑자기 납치된 모습이 되었지요."

이후로는 러시아 공사가 허락하는 사람만 출입하게 되었습니다. 그러니 정권도 하루 아침에 친러파로 넘어가게 되었습니다. 이때부터 러시아는 조선에 큰 영향력을 행사하기 시작하였습니다. 그러는 동안 러시아 공사는 철도 부설권, 광산채굴권 등 이권에도 개입하였습니

러시아 공사관 (1900년 경)

다. 그러나 점차로 고종은 불안한 마음에서 회복되어 일본과 러시아의 간섭에서 조금씩 벗어나게 되었습니다. 러시아가 일본을 견제한 이 시기, 그러니까 1904년 러일전쟁이 일어난 8년 간은 고종의 운신은 자유로웠고 따라서 자주성을 높일 수 있었습니다. 이 시기에 미국에 망명해 있던 서재필 등이 귀국하여 민주주의 사상을 국민에게 보급하고 독립신문을 창간하고 이어 독립협회를 설립하였습니다. 독립협회는 지식층만이 아니라 도시 시민층도 다수 참여하였습니다. 그리고 국민의 성금을 모아 청나라 사신을 맞이하던 영은문을 헐고 무악제 고개가 보이는 그 자리에 독립문을 세웠습니다. 독립협회는 회원을 넓혀나가면서 국권과 민권 사상을 고취시켜 민중을 계도해 나갔습니다. 이런 애국계몽운동으로 민중의 근대적 정치의식은 점차 높아졌습니다.

# 대한제국

아관파천 1년 만인(1897년) 2월에 고종은 내외의 여론과 독립협회의 자주적인 제국 열망에 힘입어 러시아 공사관에서 덕수궁으로 환궁하였습니다. 이어 8월에는 국호를 '대한제국', 연호를 '광무'라고 고친 다음 왕을 '황제'라 칭하여 자주 국가임을 내외에 선포하고 10월 12일 정식으로 즉위식을 거행하였습니다. 이제 대한제국은 정치, 외교에서 독립국임을 세계 여러 나라에 선포한 것입니다.

대한제국은 황권을 강화하는 방향으로 내각의 구성과 권한이 조직되었습니다. 국가의 통수권, 입법권, 행정권, 사법과 외교권이 모두 황제의 대권으로 규정하였습니다. 또 대한제국은 몇 가지 근대적 시책을 내놓았는데 양전사업과 상공업 진흥책을 실시하여 섬유, 철도, 운수, 광업, 금융분야에서 근대적인 공장과 회사들이 각지에 설립되었습니다. 그리고 이와 같은 시책을

### 양전사업

이 당시의 양전 사업은 그 이전과는 달리 토지측량에 과학기술을 처음으로 도입하여 현대의 토지개혁과 많이 가까워 졌습니다. 물론 당시의 토지개혁이 현대의 토지개혁과 유사하다고는 하지만 아직은 좀 차이점이 있습니다. 그것은 당시의 양전사업은 조선 전기의 도지를 개혁하는 데에 초점이 맞추어져 있기 때문입니다.

357

뒷받침하기 위해 외국에 유학생이 파견되었으며 각종 실업학교와 기술교육 기관이 세워졌습니다. 또 교통과 통신 전기 사업과 의료 등 각 분야에 걸친 근대적 시설들이 도시를 중심으로 설립되었습니다.

"아빠, 조금 전 아빠가 황권이라고 하셨는데, 그게 무슨 뜻인가요?"

"황권은 황제의 권한, 대한제국 이전까지는 왕을 황제가 아니라 왕으로 호칭을 하였는 데, 대한제국 이후로는 황제로 호칭을 하니 왕권이 아니라 황권으로 호칭을 하는 것이지."

또 각종 명칭들도 고쳤습니다. 왕후를 황후로, 왕세자를 황태자로, 황제에게는 폐하로, 황태자에게는 전하로 불렀습니다. 또 서울에 무관학교를 설립하고 근대식 군사훈련으로 국방을 확고히 하려 하였으나 이런 노력은 별 효과를 보지 못하였습니다. 이와 같은 근대화 시책은 진보적 정치 개혁운동을 탄압하게 되었고 그리하여 국민적 결속을 이루지 못하여 외국의 침략을 저지할 수 있는 힘을 갖지 못하였기 때문입니다.

서재필과 독립신문(2)
그리고 독립신문은 많은 국민이 구독할 수 있게 저렴하게 판매하였습니다. 내용은 정부의 부패하고 무능한 관리를 비판하고 열강의 부당한 요구를 폭로하였습니다. 그러므로 정부의 고위층과 외국 공사 등의 미움을 사서 폐간하게 되었으며 서재필은 다시 미국으로 돌아가게 되었습니다.

358

# 러,일 전쟁

　그러나 국제 정세는 이미 이 땅에 전운이 검게 드리우고 있었습니다. 조선에는 북쪽의 대륙으로 진출하려는 일본과 러시아 흑룡강에서 부동의 항구를 찾아 남으로 내려오려는 러시아의 세력이 맞붙고 있었습니다.

　마침내 광무8년(1904년) 2월 일본은 러시아에 선전포고를 하고 인천 부근에서 러시아 군을 공격하였습니다. 이 전투는 일본에 유리하게 흘러갔습니다. 그것은 러시아가 1차 러시아혁명(1905년6월)의 분위기 속에서 일본의 기습 공격에 제대로 대응할 수 없었기 때문입니다. 전쟁은 싱겁게 일본의 승리로 끝나고 일본은 동남아시아에 와 있는 미국, 영국 등으로부터 일본의 한국 지배를 인정받아 미,영,러의 포츠머스 조약을 체결하였습니다. 이 조약으로 인해 일본은 러시아로부터 한국에 대해 보호와 지도,감리 등의 행동을 인정받게 되었습니다.

　이에 앞서 일본은 러일전쟁에 동원 되었던 일본 병사 5

러시아 혁명

러시아 혁명은 1차 혁명(1905년)과 2차 혁명으로 구분되는 데, 1차 혁명은 재정러시아의 전제정치에 불만을 품은 민중들이 혁명은 일으켰으나 실패하고 2차 혁명(1917년)인 소비에트 혁명에서야 성공하여 소비에트 정권이 들어서게 됩니다.

만여 명을 한국에 진출시켰습니다.

그리고 일본은 한국의 식민지화에 미,영,러의 승인을 받게 된 뒤 첫단계로 한국의 황제를 그대로 두면서 일본의 통감부로 하여금 한국 통치에 실권을 장악하게 하는 조치를 취하였습니다. 1904년 2월 한국과 일본은 전문 6조로 된 한일 의정서를 체결하여쓉니다.

'일본이 한국의 독립과 영토의 보증, 시설의 개설에 대한 권고 등을 비롯하여 일본군에 적극 협력하고 전략상 필요한 지점은 언제든지 사용할 수 있다.'

8월 23일에는 한국협약이 맺어져 한국 정부의 재무 외교, 문교 등의 중요 부문에 일본이 적극 간섭하게 될 것을 승인하게 되니 사실상 일본의 고문정치가 시작된 것입니다.

그해 일본의 전세는 러시아와의 전투에서 승리를 계속하면서 봉천에까지 진출하게 되었습니다.

**포츠머스 조약**

1905년 9월5일 미국 뉴 헴프셔 주에 있는 군항 도시 포츠머스에서 러, 일 간에 맺은 강화조약입니다. 딩시 러일전쟁을 종식하기 위해 미국 대통령 루스벨트의 중재로 체결되었습니다.

# 을사조약

일본은 러시아, 미국, 영국으로부터 한국에 대한 지배권을 승인 받은 뒤 적극적으로 을사조약의 체결을 위한 사전 포석으로 일진회 등 친일 단체를 동원하여 여론전을 펼쳤습니다. 그러나 이때도 한국의 몇몇 대신들은 완강히 거절하였으나 이지용, 박제순, 이근택, 이완용, 권중현 등 5명의 대신은 조약 체결에 찬성하였습니다. 그러나 외무대신과 고종의 날인이 필요했습니다. 이 일이 여의치 않자 마침내 이토가 한국으로 넘어와 일본공사와 군대를 이끌고 궁궐로 들어가 고종 황제와 대신들을 위협하여 보호조약에 서명할 것을 강요했으나 실패하자 일본인이 외무대신 박제순의 직인을 가져와 날인하였습니다. 1905년 11월 17일 을사조약은 형식적으로 이렇게 체결되었습니다.

그러나 고종이 끝까지 날인을 거절하자 일본은 결국 외무대신의 날인만 된 조약서를 한국이 조약에 서명한 것

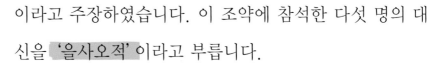

이라고 주장하였습니다. 이 조약에 참석한 다섯 명의 대신을 '을사오적'이라고 부릅니다.

'을사조약'은 다음과 같은 내용입니다.

1. 일본 외무성이 한국의 외무에 대한 관계 및 사무를 통리 지휘한다.

2. 차후로는 한국 정부가 일본 정부를 거치지 않고는 어떠한 국제적 조약이나 약속도 할 수 없다.

3. 한국 황제 밑에 한 명의 통감을 두어 한국의 외교에 관한 사무를 관리한다.

이로써 대한제국은 독립 국가로서의 지위를 잃고 일본의 보호국이 되었습니다. 이 소식이 전국으로 전해지자 시종무관 민영환은 '동포에게 고함'이라는 유서를 써 놓고 자결하였으며, 뒤이어 많은 대신과 애국지사가 자결을 하였습니다.

"아빠, 아직 한국에는 황제가 그 자리에 있잖아요?"

"그런데 왜 그렇게 호들갑을 떠느냐 이 말이지, 국가에 외교권이 없으면 이미 국가가 아니지. 황제 아래 일본인 통감은 한국의 외교에 적극 관여한다는 뜻이지."

서로 싸우던 그 끝이 이런 건가요. 백성의 미래는 어떻게 하고, 그래도 임금을 원망하는 사람은 없네요.

을사오적

대한제국 말기 일제의 한국 침략 과정에서 1905년 을사늑약을 강제 체결할 당시 한국측 대신 가운데 늑약에 찬성하여 친일반민족 행위자 5명을 가리키는 말입니다. 박제순, 이지용, 이근택, 이완용, 권중현의 5명입니다.

# 의병운동

을사조약으로 대한제국은 국권이 일본에게 넘어간 것입니다. 그러나 의병의 활동은 이미 을미사변과 단발령으로 시작된 셈입니다. 명성황후를 시해하고, 조상대대로 머리에 상투를 틀던 전통을 짓밟는 일본의 행태에 국민은 누구나 분노하고 있었던 때였습니다. 의병은 충주와 제천에서 유인석,이소응 등이 충주에서, 전북 순창에서 최익현과 임병찬이 의병을 일으켰다가 잡혀 대마도로 유배갔고, 1907년 겨울에는 전국 각지에서 의병이 연합하여 서울 진공 계획을 세웠다가 발각되어 실패하였습니다. 평민 출신 신돌석은 의병 3천 명을 이끌고 울진에서 일본 수비대를 맞아 격렬한 싸움 끝에 승리하였습니다.

1907년에 군대가 강제로 해산되자 서울에서 제1대대장 박성환은 서소문에서 자결하였고, 해산된 군인들이 의병에 가담하여 새로운 선술과 전략으로 러시아와 간도로 가서 일본군과 싸웠습니다.

**신돌석**

대한제국의 말기의 평민 출신 항일 의병장으로 을미사변과 을사늑약 이후 경상도 울산에서 항일운동을 시작하였습니다. 당시 19세의 나이로 100명의 의병을 이끌고 항일운동을 했으며 이후 의병애 자진 합류한 3000여 명이 영양으로 퇴각하는 일본군을 공격하여 심한 타격을 주었습니다.

의병 활동은 경상,강원, 경기, 황해, 전라 등 전국적으로 일어났습니다. 이렇게 의병에 가담한 사람은 사냥꾼과 군인 출신도 있어서 훌륭한 의병대장이 나오기도 하였습니다. 1909년 10월 안중근은 대한제국의 원흉인 이토를 사살하고 체포되어 여순 감옥에서 옥고를 치루다가 1910년 3월 당시 29세의 나이로 순국하였습니다. 또 이재명은 명동성당에서 이완용을 칼로 공격하여 중상을 입혔습니다.

안중근(1)
황해도 해주에서 출생한 안중근 의사는 독립운동가로서 삼흥학교를 세우는 등 교육에 힘썼으나 나라가 기울자 가재를 정리하고 연해주로 넘어가 의병 활동에 참여하였습니다.

이와 같은 의병운동은 1907~1909년 사이에 가장 격렬하게 일어 났으나 국내에서의 의병은 점차 약해지기 시작하고, 의병 활동의 무대는 중국 동북부와 간도, 연해주로 옮겨서 이어 갔습니다. 그것은 한국이 이미 총독정치가 시작되었기 때문에 의병활동을 활발히 할 수가 없기 때문입니다. 그리고 또 하나의 변화는 의병활동이 시작된 초기에는 명성황후의 시해와 단발령의 실시로 양반 유학자 등이 주도를 하였으나 을사조약의 체결로 나라를 잃게 된 평민들이 의병활동에 적극적으로 가담하였습니다.

# 나라를 되찾으려는 운동

지방 유생과 평민들의 항일 의병전쟁이 격렬하게 전개될 때, 서울 및 지방도시의 자산가, 지식인 유학자와 언론인들은 교육과 산업진흥으로 경제적인 실력과 동시에 내적 무장을 통해 국권을 회복하자는 운동이 벌어졌습니다. 이들은 평화적인 계몽운동을 전개하였습니다. 그러나 다른 한쪽에서는 독립이 선행되어야 한다고 주장하는 사람들이 있었고 이들은 장소를 중국 동북부와 연해주로 옮겨서 독립투쟁을 계속하였습니다.

그러나 이들, 평화적 계몽운동을 주장하는 사람들은 일제의 탄압이 가속화되니 일부는 지하로 숨어들었다가 미국과 중국으로 망명하여 독립운동을 계속하였고, 일부는 조선에 남아 언론인, 종교인들과 결합하여 교육을 더욱 폭 넓게 전개해 나갔습니다. 이때 사립학교로 세워져 지금까지 세속되고 있는 교육기관은 보성, 양정, 휘문과 여학교로는 진명, 숙명 등이 있고 평양

이준열사

에 세워졌던 학교로는 대성, 정주에 오산학교가 있습니다. 한편 구국운동의 하나로 종교 운동도 활발하게 전개되었습니다. 그중에서 가장 영향력 있는 종교로는 기독교였습니다. 이는 개항기부터 들어오기 시작한 미국 선교사들의 활동이 컸습니다. 서재필 등의 기독교 인사가 이에 속하였으며 이들은 애국사상과 근대사상을 고취시키려 노력하였으며, 동학은 손병희에 의해 천도교로 재창설되었고, 불교계는 한용운이 한국불교의 자주성을 지켰으며, 한용운은 이후 3.1운동에도 적극적으로 참여했습니다.

한편 1907년 6월 네델란드의 헤이그에서 26개국의 대표가 모이는 만국평화회의가 열렸습니다. 한국은 이 회의에서 일본의 한국 침탈이 불법으로 이루어졌음을 알리기 위해 고종의 특명을 받은 이상설, 이준, 이위종 등 3명이 블라디보스토크에서 기차를 타고 페테르부르크(당시 러시아의 수도)를 거쳐 헤이그(네델란드의 수도)로 가서 일본과 한국간에 맺은 조약이 불법으로 이루어졌음을 호소하였으나 일본의 방해에 의해 의제에 오

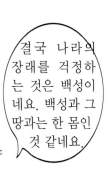

결국 나라의 장래를 걱정하는 것은 백성이네요. 백성과 그 땅과는 한 몸인 것 같네요.

르는 것이 무산되었습니다.

이에 한국의 대표들은 열강에 여론을 환기시키기 위한 개별 설득 작업에 들어갔습니다. 영국, 미국, 프랑스 등의 대표를 만나 을사조약의 부당성과 불법성을 하나하나 지적하며 설명하였으나 외교권을 빼앗긴 한국으로서는 더 이상 어떻게 할 도리가 없었습니다.

"아빠, 외교권이라는 것이 무엇이길래 외교권이 없다고 불법으로 체결된 조약을 부당하다고 주장할 수가 없나요?"

"나라를 독립국으로 인정을 받지 못하고 일본의 보호국으로밖에 인정하지 않는다면 대표단이 아무리 주장을 하여도 소용이 없는 일이지."

"외교권을 잃었다는 것이 그런 의미이군요."

백성은 나라 잃은 설음을 뼈 아프게 느꼈겠네요. 나라가 백성을 권력으로부터 보호해주는 줄 알았다가...

# 대한제국의 최후

이준 열사는 울분을 이기지 못하고 그곳에서 죽고 우리나라로 돌아오지 못하였습니다. 이 사실을 알게 된 일본의 통감 이토는 고종에게 책임을 묻고 겁박하여 고종을 몰아내고 황태자에게 양위하니 그가 조선의 마지막 임금인 순종입니다. 이 사실을 알게 된 민중들은 격분하여 친일 언론지인 국민일보를 습격 방화하고 각지에서 일본인을 공격하였습니다. 또 이에 앞장섰던 친일 매국노인 이완용의 집에 불을 질렀습니다.

그러나 일제는 대한제국에 대한 식민지화를 차근차근 진행시켰습니다. 우선 외국에 주재하고 있는 대신들을 소환하였습니다. 그리고 순종이 즉위하자 일본은 한일 신협약을 맺어 통감이 내정을 간섭하고 각부에는 일본인 차관을 두어 차관정치를 하고 한국군을 완전히 해산하였습니다. 일본은 한국군을 해산하고 경찰권과 사법권을 통감부로 넘기니 이제 한국에는 치안 및 어

란드의 이준열사 기념관

떤 사법을 통제할 수 있는 권한도 없게 되었습니다. 여기에 이완용의 내각 대신의 일부는 일본으로 건너가 국권 침탈의 합당함을 주장하고 나섰습니다.

1910년 5월 일본의 육군대신 데라우치가 통감으로 부임하더니 한국에 2개 사단의 군대를 한국에 주둔시키고 한국주제 일본 헌병대를 새로 개편하여 일본인 헌병과 헌병 보조인을 새로 채용하고, 군사와 경찰권을 통감 직속으로 두고 헌병통치를 시작하였습니다.

1910년 8월 일본은 이완용과 한국 강점의 조약을 맺고 그를 외국에 통보하였습니다. 이 조약에는 한국에 대한 일본의 통치권을 영원히 부여하고 한국의 황제와 황족, 그리고 정부 요인에게는 상당한 대우와 세비를 지급한다는 내용이 담겨 있습니다. 이로써 조선은 519년 만에 멸망하게 되었습니다.

"아빠, 그럼 조선이 일본과 싸움 한 번 하지 않고 일본에게 망한 것인 가요?"

"일본이 '강화조약'을 맺고 그 감추어진 속셈을 이제 드러낸 것이지."

# 국학운동과 문학운동

구국 운동은 국학 운동과 신문학 운동으로도 이어졌습니다. 이는 조선에 남아 있는 언론인, 종교인들과 결합하여 구국 운동은 백성을 깨우쳐야 한다는 자각에서 교육을 더욱 폭 넓게 전개해 나갔습니다. '당시에는 아는 것이 힘이다. 배워야 산다'는 슬로건이 유행을 할 정도였습니다. 그것은 우선 내 것을 알고자 하는 자각과 민족을 알고 자부심을 갖자는 의식에서, 국사와 국어를 연구하여 민족의식을 고취하자는 것이었습니다. 그래서 국어 분야에서는 국어에 대한 연구를 더욱 깊이 있게 하여 국어의 문법을 체계 있게 다듬어 놓자는 생각으로 지석영의 〈신정국문〉, 주시경의 〈국어문법〉이 발행되었고, '국문연구소'가 설립되어 훗날 '국어학회'의 모체가 되었습니다.

국사분야에서는 갑오개혁 이후 근대학교가 설립되면서 각종 교과서가 발행되었습니다. 그러나 이때 발행된

봉산탈춤-사자

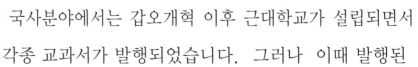

양반탈

나라가 망하니 결국 핍박받는 것은 백성이네요.그들은 이땅에 있는 나무처럼 모든 것을 품네요

교과서가 친일 경향을 보여, 신채호 등이 이를 맹렬히 비난하면서 민족주의에 바탕을 두면서 강감찬, 이순신 등 인물에 대한 재해석이 시작되었습니다.

문학분야에서는 서양 소설과 시의 형식을 따르는 신소설과 신체시가 등장하였습니다. 내용은 자유, 평등, 미신 타파 등 근대사상을 고취하면서 순국문으로 쓰여졌습니다. 그러나 문학은 한계도 동시에 보였습니다. 문학은 국어나 국사와는 달리 서양 소설과 서양 시를 일본을 통해서 배울 수밖에 없었기 때문에 서양의 문학을 배운다는 것이 곧 일본을 배우는 결과가 되었습니다. 당시 문인들은 문학을 배운다고 일본의 동경으로 유학을 떠나기도 하였습니다. 그리고 돌아와 한국의 젊은이들에게 가르친다는 것이 일본의 풍습이나 문화까지 전하기도 하였습니다. 때문에 후에 최남선이나 이광수가 친일파라는 공격을 받게 된 것도 이때문입니다.

# 일제의 무단통치

1910년 3대 조선총독으로 온 데라우치는 헌병경찰제도를 실시하여 일본의 식민  정치에 반발하는 한국인의 저항을 뿌리 뽑기 위해 강압 통치를 하였습니다. 먼저 총독부는 애국인사를 대량으로 구금하고 독립자금을 모으는 인사와 독립자금을 제공하는 인사를 대대적으로 검거하였습니다. 그리고 구국운동 단체인 신민회 인사 105인을 검거하였으며, 경성일보 등 주요 언론사를 탄압하였고 서당과 학교 등에서 이루어지고 있는 교육내용을 통제하였습니다.

또한 한국인의 정신적 상징인 문화재 건물을 헐거나 그 흔적을 지우고 일본의 상징인 총독부를 그 앞에 짓거나 오락시설이나 동물원 등을 지어 한국의 전통을 지워버렸습니다.

또 총독부는 토지측량을 한다는 핑계로 그때까지 토지 대장에 오르지 않은 많은 토지를 통독부 또는 일본

### 헌병통치란

거리에 경찰이 아닌 헌병이 권총을 차고 지프에 싸이렌을 울리며 백성을 겁주면서 군영처럼 통치 하는 것을 말합니다. 오직 군법에 의해, 사람의 인권이란 없고 명령과 복종의 질서로 통치하는 것입니다.

의 농업 이민에게 헐값으로 넘겨줬습니다. 이때문에 그동안 토지 소유를 분명히 해 두지 않았던 대부분의 농민들의 토지와 문중토지 등은 하루 아침에 토지를 빼앗기는 일이 벌어졌습니다. 이렇게 토지를 강탈당한 자작농이나 소작 농민들은 농업 노동자나 화전민이 되었습니다.

"아빠, 토지대장에 오르지 않은 농지는 무엇이고, 또 소작 농민들, 그리고 농업 노동자는 뭐예요. 쉽게 좀 설명해 주세요."

"지금은 누구나 내 땅이나 내 집 등은 토지대장에 등재하여 내 것임을 분명히 하는데, 당시에는 농민 본인들끼리, '저 땅은 돈을 주었으니 이제부터는 내 땅입니다'. 하여 왔던 것이 관례인 것을 갑짜기 총독부 관리가 등기대장을 들이대고 '여기 기록이 없으므로 이것은 총돈부 소유입니다', 하며 조상 때부터 내려오던 땅을 하루 아침에 총독부 소유로 만들어 버리는 것이지요."

평양 전쟁에 나선 병사

"왜 토지가 그토록 중요한 재산인데 소유자를 분명히 등록해 두지 않았나요?"

간도 용정의 윤동주 생가

**시인 윤동주**

윤동주의 부모님은 함북에서 동간도로 이주하여 그곳에서 윤동주는 태어났으며, 광명중학교와 서울 연희전문학교에서 수학하다 1942년 일본으로 건너가 동지사대학에 입학하였습니다. 1943년 항일운동을 했다는 이유로 체포되어 후쿠오카 형무소에 수감, 27세의 나이로 조국의 독립을 앞에 두고 옥중에서 요절하였으며 많은 작품을 남겼습니다

당시에는 소유의 문제를 문서화 하지 않고 관습적으로 해 왔었던 것을 일본의 관리들도 잘 알고 있었습니다. '토지조사실시'란 본래 이렇게 토지대장에 등재되지 않은 토지를 합법적으로 빼앗기 위한 목적이 있었던 것입니다.

"아빠, 그럼 소작 농민과 농업 노동자는 누구를 가리키나요?"

"소작농은 내 토지가 없어서 남의 땅에 농사를 짓고 추수할 때 소작료를 내는 농민들이고, 농업 노동자는 그보다 더 형편이 안 좋아 품삯을 받고 일해주는 사람들을 말하지."

"그럼 그들이 화전민이 되거나 혹은 간도로 갔다는 말씀이군요."

일본인은 한국의 광산권, 산림권 등도 독점하여 경제적 수탈을 자행했습니다. 이뿐만이 아니라 금융도 독점하여 한국인을 상대로 고리대금을 했습니다.

"철저하고 악랄하네요."

# 3,1운동

1919년 1월 고종이 갑자기 세상을 떠나자 사인에 의심을 품은 백성들이 대단히 격분해 있었습니다. 승하한 고종이 일제의 독립운동 포기 요구를 끝까지 거부하다가 갑자기 승하하자 민중들 사이에는 고종황제가 독살되었다는 소문이 퍼졌습니다. 또 해외에서 독립운동을 하던 인사들이 세계1차 대전의 뒷처리를 위해 파리 강화회의가 열리고 있는 것을 기회로, 맹렬히 독립운동을 펼친 것이 국내 인사들에게 자극이 되었습니다. 1919년 2월에는 도쿄의 한국인 유학생이 독립선언서를 발표하였으며 이에 국내의 종교단체 지도자들, 천도교의 손병희, 기독교계의 이승훈, 불교계의 한용운 등은 연합하여 비폭력적인 방법으로 독립운동을 전개한다는 방침을 정하고, 고종의 장례일 이틀 전인 3월 1일 정오에 거사하기로 하고 민족대표 33인의 이름으로 독립선언문을 작성하였습니다.

탑골공원 팔각정

아우네 독립운동 장소

거사 장소는 처음에는 탑골공원으로 정하였으나 혼잡으로 일어날 수 있는 불상사를 피하기 위해 음식점인 태화관에서 독립선언서를 낭독하고 이 사실을 일제 관헌에게 알려 자진 투옥되었습니다. 각 지방에서도 서울 시위와 때를 맞춰 독립운동이 일어났습니다. 평양, 진남포, 의주 등과, 3월10일을 전후하여는 남한 각지에서도 만세운동이 일어났습니다. 시위가 거국적으로 일어나자 일본은 군대와 헌병,경찰 등 모든 치안 조직이 동원되어 무자비하게 탄압하였습니다. 경기도 화성에서는 마을 전체를 불태우고 제암리에서는 마을 주민 모두를 교회에 가두고 불질러 살해하기도 하였습니다. 삼일 만세 운동은 전국적으로 7천 5백여 명이 피살되고 4만6천여 명이 체포되었습니다.

3.1운동은 당장 독립을 가져오는 효과는 없었지만 일제의 헌병통치를 문화통치로 바꿔놓고 해외로는 중국과 동남아 등의 국가들에게 영향을 주었습니다.

# 상해 임시정부

3.1운동을 전후하여 독립운동가들 사이에서는 임시적인 형태나마 정부가 있어야 해외의 다른 나라에 협조도 요청할 수 있다고 생각해 오던 중 상해에 임시정부를 두고 이승만을 주석으로 하는 '대한민국 임시정부'가 수립되었습니다. 임시정부는 1919년 김규식을 전권대사로 삼아 파리 강화회의에 나가 일본의 침략행위를 규탄하고, 서재필은 미국에서 외교활동을 벌였습니다. 임시정부는 1932년 비록 실패하였지만 일본왕을 저격하였으며 윤봉길은 상해 홍구공원에서 일본의 육군대장 시라카와에게 폭탄을 던져 20여 명의 고급관리를 사상하였습니다. 이 사건이 있은 후 일본군의 탄압이 심하여 중국 정부를 따라 중경으로 이동하여 장제스와 협력하고 일본군에 저항하였습니다. 그리고 1940년에는 광복군을 창설하였습니다.

상해 임시정부가 평화적 독립운동을 펼치는 동안 만

김구와 윤봉길

377

주 지방에서는 무력으로 일제와 싸우는 독립군의 활동이 활발히 전개되고 있었습니다. 이곳에서는 50여만에 달하는 교민이 무장투쟁을 지원하였고 이미 이곳에 와 있는 망명 인사들이 이들과 손잡고 군사를 키워 놓고 있어 독립전쟁 기지가 튼튼하게 꾸려져 있는 형국입니다. 그중에서도 서간도와 북간도 지역의 대한국민회군, 북로군정서, 대한독립군, 대한의용군 등이 일본군과 활발히 교전하였으며 때로는 국경을 넘어와 국내에서까지 교전을 하다 다시 넘어 가기도 하였습니다. 길림성의 대전자령전투, 김좌진과 이범석의 북로군정서가 주축이 된 청산리 전투 등은 대승을 거두기도 하였습니다. 이중 일부는 독립군을 통합하여 일종의 자치정부를 만들어 동포를 관할하기도 하였습니다.

그동안 풍요를 누린 임금과 세도가들과 모두 어디 갔나요. 그들이 뿌린 씨는 누가 거두라고....

# 무장투쟁과 한국의 병참기지화

일제는 1920년 말 미국에서 시작된 공황이 일본에도 영향을 줘 일본의 농촌은 엄청난 어려움을 겪게 되었습니다. 미곡 가격이 폭락하고 도시는 실업자가 넘쳐나 일본 국민의 불만은 높아갔습니다. 일본은 이런 문제의 돌파구로 대륙 침략으로 해결하기로 하였습니다.

일본은 만주 출병의 구실을 찾던 중 '만보산 사건'이 터졌습니다. 일본은 길림성 장춘현 만보산의 수로 공사를 하던 중국인과 농민 사이에 분쟁이 일어나자 일본은 이 사건을 과대 선전하여 이를 만주 침략의 구실로 삼아 1931년 9월 일본의 관동군을 출병시켜 만주사변을 일으켰던 것입니다. 일본은 일시에 만주를 완전히 점령하고 일본의 꼭두각시 정부인 만주국을 세웠습니다. 이어 일본은 1937년 중국과의 전쟁을 시작하여 30만이 넘는 남경주민을 학살하고 1941년에는 미국의 하와이를 공격하여 태평양전쟁을 일으켰습니다.

　이와 같이 확전에 확전을 거듭한 일본으로서는 전쟁을 수행하기 위한 물자가 태부족이었습니다. 따라서 일본의 식민지 국가였던 한국은 경제 구조가 전쟁물자를 조달하는 군수물자 전진기지, 즉 '병참기지'화하였습니다. 농촌의 쌀 생산은 군량미 조달하는 곳으로 바뀌고, 공장은 군수공업을 위한 공장이 되었습니다. 1930년대에는 외형상 공업화가 급속히 진행되었지만 실은 소수의 일본인이 방직,금속,화학 등의 70~80%를 차지하였습니다. 때문에 조선인 자본은 해가 갈수록 도산하는 사태가 벌어졌습니다. 조선의 공업화는 결과적으로 일본 독점 재벌이 성장하는 밑걸음이 되었습니다.

독립문

# 민족말살 정책

일본은 전쟁을 효과적으로 수행하기 위해서는 한국인을 일본에 더욱 예속시킬 필요가 있다고 생각하였습니다. 그것은 '민족 말살' 정책입니다. 먼저 한국 주둔 일본군을 증가했습니다. 1931년 만주 침략 당시 3만 5천여 명이었던 병력을 태평양전쟁 말기에는 23만까지 늘렸습니다. 일제는 전시 체제를 이유로 일반 주민의 생활도 철저히 통제하였습니다. 다음으로 한국인의 민족의식을 말살하여 완전한 일본인으로 동화시키기 위해 황국신민화 정책을 추진하였습니다.

그 조치로 학교 교육과 관공서에서 우리말 사용이 금지되고 일본어만을 사용하게 하였습니다. 나아가 1939년부터 우리의 성과 이름을 일본어로 바꾸는 창씨개명을 단행하였습니다. 그리고 일본과 한국은 같은 조상이라는 '일선(일본과 조선)동조론'을 강조하였습니다. 종교 또한 자유롭지 못하게 신사참배를 강조하였

본의 전통복장을 한 여인

습니다. 이때 평양의 기독교 학교인 숭실, 숭의학교는 신사참배를 거부하다 학교가 폐쇄되는 비운을 맞기도 하였습니다. 또 1938년 지원병 제도를 실시하였으나 이를 징병제도(1943년)로 바꾸어 일본이 패전할 때까지 약 20만 명의 청년을 징집했으며, 또 학도 징집제도를 신설하여 약 4천5백 명의 학생을 전쟁터로 보냈습니다. 이외에도 일본은 징용이라는 이름으로 1백만 명 이상의 한국인을 끌고가 탄광, 비행장, 군수 공장과 철도 보수공사 노동자로 일하게 하였습니다. 그리고 일본은 그들의 잔혹한 인권유린을 감추기 위해 동남아 일대의 전쟁 전진 기지인 쿠릴열도, 오키나와, 사하린 등지에서는 많은 한국인이 징집당해 일을 하다기 귀국하지 못하고 죽었습니다.

그리고 언론에서도 〈조선중앙일보〉가 1937년에, 〈동아〉, 〈조선일보〉가 1940년에 차례로 폐간되었습니다.

### 학도병 제도

일본은 2차 대전이 패전이 짙어지자 학도병 지원제도를 만들어 젊은 학도병을 전쟁에 몰아 넣었습니다. 이를 위해 한국의 지도자급 인사인 최남선, 이광수 등을 동원하여 학도병 지원에 응하도록 전국을 다니며 연설하는 데에 동원하기도 하였습니다.

# 민족문화 운동, 무장투쟁 강화

일본의 민족말살 정책에 반발하여 민족 문화를 수호하기 위해 우리 문화에 대한 연구는 한층 깊이 있게 연구되었습니다. 민족주의 역사가들 사이에서는 조선학에 대한 연구가 진행되었습니다. 이는 '일본과 조선은 하나'라고 하는 일본의 주장을 반박하는 방향으로 진행되었으며, 때문에 안재홍 등은 신채호의 〈조선 상고사〉를 계승 발전시켰습니다. 정인보는 광개토대왕을 연구하여 우리나라의 민족정기를 세우려 노력하였습니다. 또 역사학자들이 결집하여 진단학회를 창립하고 〈진단학보〉라는 학술지를 발간하였습니다.

일제에 대한 저항은 문학인에도 있었습니다. 이육사는 수십 회나 투옥되는 고초를 겪으면서도 민족 해방의 확신을 가지고 '청포도'를 발표하였고, 윤동주는 '하늘과 바람과 별'을 노래하였습니다.

민족의 얼을 지키기 위한 국어학자들의 노력도 대단

였습니다. 조선어학회 회원들은 우리말 사전의 발간을 준비하다 이중화, 장지영, 최현배, 이희승 등 수십 명이 투옥되기도 하였습니다.

한편 항일 무장운동은 1330년 후반에서 1940년 대 사이 일본의 심한 탄압으로 무장운동은 잠시 주춤했다가 중일전쟁 이후로는 중국과 연합하여 일본군과 싸우고, 또 탄압이 덜 심했던 중국 상해의 임시정부에 편입되고 군대를 조직하여 적극적으로 투쟁을 하였습니다.

이들은 중국 국민당의 정부군과 합세하여 항일 투쟁을 전개하였습니다. 이들은 1940년 '광복군'을 창립하였는데 이에는 지청천을 총사령관으로 이범석을 참모장으로 하는 광복군은 중국 국민당의 도움을 받아 활동하다가 1943년 영국군과 군사 협정을 맺고 일부 병력을 인도와 미얀마에 파견하기도 하였습니다. 이후 광복군의 일부 병력은 미국 CIA와 협력하여 국내 진입을 준비하던 중 일본이 연합국에 항복을 하여 무산되었습니다.

일본의거리

# 대한민국 정부의 수립

독일의 패색이 짙어지자 1943년 11월 미국, 영국, 중국의 세 나라 거두는 카이로에 모여 종전 이후에 대해 논의 하였으며 그 때 한국을 해방 독립시킨다는 것을 확인하였습니다. 1945년 4월에 독일의 히틀러가 패배하여 베르린이 연합군의 수중에 들어갔고 5월에는 독일이 무조건 항복을 하여 유럽에서의 전쟁은 종지부를 찍었습니다. 1945년 7월 미국과 소련, 영국은 포스담 선언으로 한국을 독립시킨다는 점을 다시 확인하였습니다. 그해 8월 일본의 히로시마에, 9일에는 나가사키에 원자폭탄이 떨어지자 일본은 8월 15일, 무조건 항복을 발표하였습니다. 이로써 우리나라는 35년간의 일본 식민지 통차에서 벗어나 광복이 되었습니다. 그러나 국내에서는 해방감에 들떠 좌우익이 대립되어 있을 때, 미국과 소련은 38도 선을 경계로 북은 소련이, 남은 미군이 점령하기로 합의 하여, 북에는 소련군이 점

이산 가족이 다시 만난 이야기, 영화 '국제시장' 의 슬픈 모습, 이 비극이 이렇게 시작된 것인가요?

령하게 되었습니다. 그러자 미국, 영국, 중국, 소련은 한국을 5년간 신탁통치 할 것을 논의 하자 국내에서는 이에 찬반 의견이 갈려 격렬한 대립을 일으켰고 결국, 38선 이북은 소련이 이남은 미군이 통치하기로 하였습니다. 이에 1948년 남한의 선거가 가능한 지역만 선거를 하기로 하여 총선을 실시하였습니다. 그 결과 198명의 국회의원을 선출하였습니다. 제헌국회는 7월 국호를 대한민국으로 정하고, 대통령에 이승만, 부통령에 이시영을 선출하였습니다.

8월 15일 대한민국의 건국을 내외에 선포하였습니다. 그해 12월 유엔총회는 대한민국을 유일한 합법정부로 승인하였습니다. 남한에 대한민국 정부가 수립되자 1949년 봄부터 미군 철수가 시작되어 고문단만 남기고 6월 철수를 완료하였습니다. 남한에서의 미군 철수가 완료되자 북한은 남한을 공산화시킬 목적으로 군사력을 증강시키고 소련과 중공의 지원을 받아 1950년 6월 25일 새벽 38선 전지역에서 남한을 침공하였습니다. 이렇게 하여 남과 북의 경계는 고착되었습니다.

6.25 전쟁

# 화보 출처

7. 주먹도끼-국립중앙박물관  7. 고인돌-국립중앙박물관  10.뗀석기,간석기-민족문화대백과 13.반돌칼-민족문화대백과 16.농경문 청동기- 국립중앙박물관 17.비파청동검,청동창, 청동검,칠치도-국립중앙박물관 19.쇠보습,민무늬 토기 국립중앙박물관 24.반구대암각-문화재청 27.단군왕검영정-한국민족문화대백과사전  28.고창 고인돌-문화재청 29.성덕대왕고구려 고분벽화 신종-한국민족대백과  33. 오녀산성-한국민족대백과 35 .고구려 고분벽화  39온달산성- 문화재청 41.서울 풍납동 토성 성벽-한국민족문화대백과사전  42.경주계림- 문화재청 44.경주 오릉-문화재청 45.단양고구려비-문화재청  48.평양성칠성문-국립중앙박물관 49.고구려인기상도-문화원형백과 52.서산  마애여래삼존상 53.호류지금당- 문화원형 54.정림사지5층석탑-국립문화재연구소 55.백제금동대향로-국립중앙박물관 58.광개토왕릉비-고분미술 59장천1호분 희마도-국립중앙박물관 60.장천1호분 희마도-국립중앙박물관 61.중원 고구려비-문화재청 63.천마총-한국민족문화대백과 64.평남평양내성칠성-국립중앙박물관 65.평양성 북성 전금문-한국민족문화대백과 66.고구려 고분벽화-한국민족문화대백과 67.장군총 국립중앙박물관-국립중앙박물관 70.공주 공산성 금서루-문화재청 71. 진흥왕 순수비-국립중앙박물관 72.단양 신라 적성비-문화재청 73.함안가야리고분군 민조속-한국민족문화대백과 75.무령왕릉 입구-한국민족문화대백과 76.무령왕릉-한국민족문화대백과 77.신무왕릉-한국민족문화대백과 78.황룡사지-한국민족문화대백과 79.성덕대왕 신종-문화재청 80.첨성대-한국민족문화대백과 81.경주 5능-두산백과 82.몽촌토성-문화재청 83.고란사-두산백과 두피디아 84.궁남지-두산백과 두피디아 85.계백장군묘- 한국민족문화대백과  86. 낙화암-한국민족문화대백과  87.죽주산성 한국민족문화대백과 87백제 금동대향로-  88.공주 공산성-문화재청 89.장평산성-조선향토대백과 90.아차산성-한국민족문화대백과 93.환도산성-한국민족문화대백과 94.평양성 북문 전금문-한국민족문화대백과 97.평양성 칠성문-한국민화대백

과 94.평양성 북문 전금문-한국민족문화대백과 97.평양성 칠성문-한국민족문화대백과 99.평양성 대동문-한국민족문화대백과 101.발해의 불상-고고학사전 102.동모산-한국민족문화대백과 105.돌궐의 불상-두산백과 두피디아 107.청해진 유적-문화재청 108.불국사-한국민족문화대백과 109.감은사지-한국민족문화대백과 110.죽주산성-한국민족문화대백과 111.석가탑-문화재청 112.석굴암 내부-한국민족문화대백과 112.삼국사기 궁예편-문화원형백과 삼국유사 사전  113.궁예묘 e뮤지엄 114.상주 견원산성-한국민족문화대백과 115. 함안가리 고분-문화재청 116.다보탑-두산백과 두피디아 117.금산사-문화재청 118.포석정-문화재청 118.경주오능-경주오늘 119.왕건능-한국고대문화의 비밀 120.용문사 은행나무-한국민족문화대백과 121.금강산-한국민족문화대백과 123.경주월성표지석-한국민족문화대백과 125.삼국유사-문화재청 126.삼한통보-한국민족문화대백과 127.경순왕능-한국민족문화대백과 129.신숭겸 장군묘-한국관광공사 130.고려청자- 131.관촉사 석문-두산백과 두피디아 134.서희 장군묘-두산백과 두피디아 135.용주성(강동육주중 하나)-조선향토대백과 139.파주 마이애불-한국민족문화대백과 139.개경의 남대문-한국민족문화대백과 140.삼국사기-한국민족문화대백과 141.관촉사 석조 미륵보살 입상-한국민족문화대백과 145.낙산대 안국사(강감찬 사당)-한국민족문화대백과 146.천리장성-한국민족문화대백과 148.만월대터-시사상식사전  149.오랑캐꽃-두산백과 두피디아 150.두만강-한국민족문화대백과 152.파주윤관묘- 문화재청 154.해동통보-한국고중세사사전 155.고려인삼-두산백과 두피디아 156.합천해인사-한국민족대백과재청 158.경천사지 3층석탑-한국민족문화대백과 160.청자상감운학문매병-문화재청 161.거제도-의종이 귀양갔던 곳-대한민국 구석구석 162.칭기스칸- 위키백 166.진도 남도진성-두산백과 두피디아 167.해인사 대장경판-한국민족문화대백과 169.황룡사9층탑-한국민족문화대백과 169.강화산성-두산백과 두피디아 170.합천 해인사 대장경판 목판본-한국미의 재발견 171.강화도 월곳-두산백과 두피디아 173.처인성-문화재청 174.강진 백련사 대웅보전-두산백과 두피디아 175.쿠빌라이-위키백과 176.진도 용장산성-국립중앙박물관 177.외규장각-두산백과 두피디아 180.직지심체-국립중앙박물관 181.태봉산성-문화재청 182.천산대렵도-국립중앙박물관 184.최무선 추모비-영천최무선과학관 185.공민왕릉-문화재청 186.나전칠기-국립중앙박물관 187.목화 188.이색선생 묘-문화재청 189.화문석-한국민족문화대백과사전 191.최영장군 묘-문화재청 191.문익점 사당-한국민족문화대백과사전 195.양녕대군의 묘-문화재청 196.박연폭포-국립중앙박물관 198.이규보 사당-문화재청 199.조선 태조 건원릉-한국민족문화대백과사전 201.선릉-문화재청 202.삼봉집-문화재청 203,선죽교-국립중앙박물관 205.정몽주 묘-문화재청 207.이성계어진-문화재청 208.여주 고달사지-한국민족문화대백과사전 210.사직단 대문-문화재청 215.창경궁 자격루-문화재청 216.측우기-문화재청 218.혼천의-국립중앙박물관 219.용비어천가-문화재청 220.훈민정음-문화재청 222.김종서 장군의 묘-문화재청 224.삼강행실도-국립중앙박물관 224.최무선이 발명한 화차-최무선과학관 226.세종어진-위키백과 227.개마고원 228.의절사(사육신의 위패를 모신 곳)-문화재청 229.사육신묘-문화재청 231.영월 청령포-문화재청 232. 232.월인천강지곡-한국민족문화대백과사전 233.경국대전-국립중앙박물관 235.김시습 영정-문화재청 236.성종과 정현황후의 능-한국민족문화대백과사전 237.소수서원 강학당-문화재청 239.연산군 묘-문화재청 240.광해군 일기-국립중앙박물관241.조광조 신도비-문화재청 242.중종의 능(정릉)-한국민족문화대백과사전 248.산업혁명 당시의 유럽의 노동자 250.대항해 시대의 배 251.철원의 한탄강 계곡 255.도요토미히데요시-위키백과 256.이항복선생 신도비-문화재청 257.충주의 조령 258.조총-국립중앙박물관 259.강계의 의주성-국립중앙박물관 260.이황의 덕곡서원-한국민족문화대백과사전 260.충북 충주 탄금대-한국민족문화대백과사전 262.행주산성 성벽-한국민족문화대백과사전 264.진주성 촉석루-한국민족문화대백과사전 266.한산대첩 기념비-문화재청 268.논개-한국민족문화대백과사전 269.이순신 난중일기-문화재청 270. 거북선-진해 해군사관학교 271. 울돌목 272. 김시민장군 사당-문화재청 272. 칠백의총-한국민족문화대백과사전 73. 한산도 충무공 유적지-문화재청 277.창덕궁 인정전-문화재청 278.광해군과 문성군 부인 묘-한국민족문화대백과사전 282.남한산성 서문-문화재청 283.삼전도비-문화재청 285.충주 임경업장군 묘-문화재청 287.김홍도의 주막-국립중앙박물관 289.당진 솔뫼마을(김대건 고택)-문화재청 290.파주 자운서원-한국민족문화대백과사전 291.신기전 293.러시아 하바롭스크 지방294.크리스토퍼 컬럼부스-뉴욕 메트로폴리탄미술관 295.당백전-국립중앙박물관 298.산업혁명시대의 유럽의 노동자 299.1차 산업혁명(방적기) 300. 산업혁명으로 상징되는 증기기관차 301.상평통보-국립중앙박물관 304.영월 청령포-문화재청 303.열하일기-한국민족문화대백 문화대백과사전 306.영조어진-문화재청 306. 뒤주 307.허난설헌의 묘-문화재청 309.최재우의 생가-문화재청 313.심청전-국립중앙박물관 315.목민심서-국립중앙박물관 315.정약용유배지-문화재청 316.정조의 헌릉원 행차 그림-국립중앙박물관 317.절두산-한국민족문화대백과사전 32.최제우의 탄생지(용담성지)-한국민족문화대백과사전324.마테오리치 초상화-로마예예수회 327.강화 덕진진 포-문화재청 329.흥선대원군-문화재청 330.옥천 척화비-문화재청 331.고종황제 어진-문화재청 332.천진암 천주교 성지-한국민족문화대백과사전 333.운요호 그림-위키백과 334.천도교 중앙대교당-문화재청 335.광성보 포대-문화재청 336.약현성당-한국민족문화대백과사전 343.독립신문-국립중앙박물관 343.제물포 개항 346.서울 우정총국-문화재청 348.이토히로부미-국립중앙박물관 349.1885년 광혜원-위키백과 350.전봉준 옛집-한국민족문화대백과사전 351.고부관아 터 표지석-문화재청 354.동학혁명 백주년 기념탑 356.안중근 의사-한국민족문화대백과사전 368.이준 열사-한국민족문화대백과사전 371.네델란드 이준 열사 기념관 372.봉산탈춤(사자)-문화재청 373.양반탈-문화재청 375.태평양전쟁에 나선 병사 377.탑골공원 팔각정-문화재청 378.아우내 독립운동 장소-한국민족문화대백과사전 379.김구와 윤봉길-독립기념관 382.독립문-문화재청 384.일본의 전통복장을 한 여인 386.일본의 거리 386 625 전쟁